Síndrome de Déficit de Atención con o sin Hiperactividad (ADD/ADHD)

Estrategias en el aula

Redes en Educación

Colección dirigida por Paula Pogré

Thomas Armstrong

Síndrome de Déficit de Atención con o sin Hiperactividad (ADD/ADHD)

Estrategias en el aula

PAIDÓS

Buenos Aires - Barcelona - México

Título original: *ADD/ADHD. Alternatives in the classroom*
Publicado en inglés por la Association for Supervision and Curriculum Development, Alexandria (Virginia), 1999.

© 2000 Association for Supervision and Curriculum Development (ASCD), asociación internacional sin fines de lucro (1703 North Beauregard Street, Alexandria, Virginia 22311-1714, Estados Unidos). Traducción al español autorizada por ASCD, la que no se responsabiliza por su calidad.

Traducción de Gloria Vitale

Cubierta de Gustavo Macri

© 2001 de todas las ediciones en castellano
Editorial Paidós SAICF
Defensa 599, Buenos Aires
E-mail:paidosliterario@ciudad.com.ar
Ediciones Paidós Ibérica SA
Mariano Cubí 92, Barcelona
Editorial Paidós Mexicana SA
Rubén Darío 118, México D. F.

Queda hecho el depósito que previene la Ley 11.723
Impreso en la Argentina. Printed in Argentina

Impreso en Talleres Gráficos D'Aversa
Vicente López 318, Quilmes, en mayo de 2001

ISBN 950-12-5507-7

Índice

Prólogo

En 1962, Thomas S. Kuhn, profesor de filosofía del Instituto
Tecnológico de Massachusetts, escribió un libro titulado *La
estructura de las revoluciones científicas,* que constituye uno de los
aportes más significativos a la historia intelectual del siglo XX
(Kuhn, 1970). En este libro, Kuhn introdujo el término *paradigma*
para referirse a los sistemas de creencias científicos que estructuran
los interrogantes, los instrumentos y las soluciones que los
científicos desarrollan para explicar fenómenos propios de
determinados dominios, como la física, la química y la astronomía.
En su carácter de historiador de la ciencia, Kuhn describió cómo
cambian los sistemas de creencias científicos a medida que la
investigación científica revela la existencia de anomalías que no
parecen encuadrarse en el paradigma aceptado.

Por ejemplo, durante la Edad Media, los científicos creían que la
Tierra era el centro del universo, y basaban su convicción en la
minuciosa obra matemática de un astrónomo egipcio llamado
Ptolomeo, quien vivió en el siglo II de la era cristiana. Hacia
principios del siglo XVI, sin embargo, un creciente número de
científicos expresaba su disconformidad con el sistema ptolemaico.
El paradigma de Ptolomeo no permitía dar cuenta de todos los
movimientos de los cuerpos celestes, y las inconsistencias o
anomalías de su sistema comenzaron a sumarse. Por último, un
científico polaco, Nicolás Copérnico, elaboró un sistema basado en
considerar a la Tierra, no como un punto fijo en torno al cual
circulaban todos los demás cuerpos celestes, sino como un cuerpo

también en movimiento alrededor del Sol. La obra de Copérnico contribuyó a galvanizar una revolución científica –un cambio de paradigma– que modificó radicalmente nuestra concepción del universo. El proceso de cambiar de paradigma no fue apacible. Pensadores brillantes, como el científico italiano Galileo Galilei, fueron castigados por las autoridades de la Iglesia por sostener este punto de vista. De todos modos, el paradigma copernicano triunfó sobre el ptolomeico, y hoy en día es impensable que un observador moderno contemple cualquier otro punto de vista que no sea el de que la Tierra es uno de los varios planetas que giran alrededor del Sol.

En la década pasada, los investigadores han aplicado la perspectiva de los paradigmas de Kuhn a otros campos ajenos a la ciencia, como el de los negocios (Barker, 1993), la religión (Berthrong, 1994), la psicología (Fuller, Walsh y McGinley, 1997) y la educación (Foster, 1986). En este libro, me propongo aplicar el enfoque de Kuhn al estudio de los niños, en particular de los que tienen dificultades especiales para prestar atención, concentrarse o quedarse quietos. En los últimos veinte años, ha surgido un paradigma en los Estados Unidos y en Canadá para tratar de explicar por qué se producen estos tipos de conducta en ciertos niños. El paradigma sugiere que esos niños tienen algo llamado el síndrome de déficit de atención/hiperactividad (*attention-deficit-hyperactivity disorder*, o ADHD) o el síndrome de déficit de atención (*attention-deficit-disorder*, o ADD), que serían trastornos de origen biológico que afectan al 3 - 5 % de todos los niños de América del Norte. En este libro cuestiono ese paradigma (de aquí en adelante llamado el paradigma del ADD/ADHD), y planteo que representa un modo limitado y artificial de considerar a los niños que tienen problemas de atención y de conducta.

A mi entender, el paradigma del ADD/ADHD no explica adecuadamente diversas anomalías mencionadas en la bibliografía educacional con respecto a los niños con problemas de atención y conducta. En este libro exploraré otras perspectivas que arrojan luz sobre la conducta de estos niños. Estas perspectivas abarcan los dominios histórico, sociocultural, cognitivo, educacional, evolutivo y psicoafectivo. No secundo ninguna de estas perspectivas en particular, sino que mi intención es avanzar hacia un nuevo paradigma que incorpore aspectos de cada uno de estos puntos de vista (incluido el biológico) dentro de un marco holístico que aborde las necesidades del niño en su totalidad.

Tras analizar el marco global para un nuevo paradigma relativo a los niños con problemas de atención y conducta, presentaré muchas estrategias prácticas que pueden utilizar los docentes, tanto de educación regular como especial, para responder a las necesidades de los niños que tienen problemas específicos de atención o de conducta. Estas estrategias cubren todos los dominios del mundo del niño: cognitivo, educacional, físico, emocional, interpersonal, ecológico, conductal y biológico. Confío en que al asumir el punto de vista más amplio posible del niño que manifiesta problemas de atención y conducta, podré ayudar a los docentes a salir de la estrecha visión generada a partir de la popularidad reciente y excesiva del paradigma del ADD / ADHD, e impulsarlos a volver a los sólidos principios educacionales que orientan una práctica eficaz de la enseñanza.

THOMAS ARMSTRONG
Sonoma County, California,
diciembre de 1999.
thomas@thomasarmstrong.com
http://www.thomasarmstrong.com

Capítulo 1

Limitaciones –y supuestos– del paradigma del ADD/ADHD

En los últimos veinte años, un nuevo modo de conceptuar a los niños con problemas de atención y de conducta ha ido ganando aceptación en todos los sectores de la sociedad. Me estoy refiriendo al síndrome de déficit de atención (ADD) o síndrome de déficit de atención/hiperactividad (ADHD). Promovido por algunos libros recientes de gran difusión (Hallowell y Ratey, 1994a, 1994b) y por la cobertura de la prensa popular (Glusker, 1997; Hales y Hales, 1996; Machan, 1996; Wallis, 1994), "ADD / ADHD" se ha convertido en un término de uso corriente para millones de estadounidenses. Han aparecido numerosos manuales para padres y maestros en los que se explica qué es el ADD / ADHD, qué lo causa y cómo se lo puede diagnosticar y tratar (por ejemplo, Barkley, 1995; Cohen, M. W., 1997; Green y Chee, 1998). Muchos investigadores han publicado miles de ensayos científicos en los últimos veinte años sobre una diversidad de temas relacionados con el ADD / ADHD (Resnick y McEvoy, 1994). El trastorno ha sido corroborado por la corriente principal de la psiquiatría (Asociación Psiquiátrica Americana, 1994) y por la medicina general (Goldman, Genel, Bezman y Slanetz, 1998), cuenta con el sello de aprobación del gobierno (Viadero, 1991) y es ampliamente reconocido en las escuelas de los Estados Unidos (Smallwood, 1997).

¿Qué es el ADD / ADHD? O mejor dicho, *¿cuál es la estructura del paradigma del ADD/ADHD*, o su visión del mundo? Aunque quienes postulan la presencia del ADD / ADHD pueden discrepar respecto de ciertos aspectos relativos al paradigma, como la posibilidad de que el ADD/ADHD esté sobrediagnosticado (por ejemplo, Ingersoll, 1995; Gordon, 1995), muchos profesionales, padres y otras personas que hablan de ADD/ADHD parecen haber llegado a un consenso concerniente a la existencia de un trastorno (o trastornos) de carácter específico. Este consenso incluye algunos supuestos básicos:

- El ADD/ADHD es un trastorno biológico (probablemente de origen genético).
- Los síntomas primarios de este trastorno son: *hiperactividad, impulsividad y falta de atención.* Una persona puede tener algunos de estos síntomas y no otros (por ejemplo, el ADD no incluye a la hiperactividad como síntoma, mientras que el ADHD sí la incluye).
- Este trastorno afecta al 3 - 5 % de todos los niños y adultos de los Estados Unidos (y, presumiblemente, del mundo).
- El ADD/ADHD puede evaluarse de muchas maneras, o mediante una combinación de métodos: una historia clínica; observaciones del niño en diversos contextos; la utilización de escalas de puntuación para documentar estas observaciones; tareas de ejecución para evaluar aspectos tales como la actitud vigilante, y tests psicológicos para evaluar la memoria, el aprendizaje y las áreas de funcionamiento conexas.
- Los métodos más eficaces para tratar el ADD/ADHD son la medicación y la modificación de la conducta.
- Muchos niños continuarán teniendo ADD/ADHD durante toda la vida.
- Un niño puede tener ADD o ADHD y también padecer otros trastornos, como los de aprendizaje, de ansiedad y del estado de ánimo.

En este capítulo consideraré cada uno de esos supuestos y señalaré determinadas anomalías contenidas en ellos, las que, tomadas en su conjunto, ponen en cuestión la credibilidad esencial del paradigma del ADD/ADHD.

Supuesto n° 1:
EL ADD/ADDH ES UN TRASTORNO BIOLÓGICO

Este principio parece ser la base del paradigma del ADD/ ADHD. La creencia de que el ADD/ADHD es un trastorno biológico le otorga al ADD/ADHD el sello de aprobación de la medicina moderna, lo que parece ubicarlo en una posición inmune a los cuestionamientos provenientes de campos con menor prestigio cultural, como la sociología, la psicología o la educación.

Voy a analizar ahora tres procedimientos fundamentales para investigar la base neurobiológica del ADD/ADHD: los estudios mediante tomografía de emisión de positrones (PET) del metabolismo cerebral de la glucosa, los estudios mediante imágenes de resonancia magnética (MRI) de las diferencias estructurales existentes entre el así llamado "cerebro con ADHD" y el cerebro "normal", y los estudios genéticos.

Los estudios mediante el examen PET

En la historia del paradigma del ADD/ADHD, el acontecimiento puntual que más atención concitó hacia el ADD/ADHD como trastorno clínico probablemente haya sido el estudio mediante el examen PET que en 1990 realizaron A. J. Zametkin y sus colegas en el Instituto Nacional de Salud Mental de Bethesda, Maryland (Zametkin y otros, 1990). En este estudio, los investigadores inyectaron glucosa radiactiva a grupos de adultos identificados como "hiperactivos" y "normales". Luego rastrearon esta substancia en el cerebro mediante una tomografía de emisión de positrones (PET) mientras los sujetos efectuaban una tarea simple de atención auditiva. Los resultados indicaron que el grupo "hiperactivo" tenía un metabolismo significativamente menor en regiones del lóbulo prefrontal del cerebro que eran importantes para el control de la atención y la actividad motriz. El estudio fue presentado en los medios como una "prueba" de que el ADD/ADHD es un trastorno clínico (por ejemplo, Elmer-DeWitt, 1990; Kolata, 1990; Squires, 1990).

Pero cuando Zametkin y sus colegas (1993) intentaron replicar este estudio con adolescentes, tres años más tarde, no consiguieron detectar ninguna diferencia global significativa entre los grupos "hiperactivo" y "normal". También fracasaron sus intentos de encontrar diferencias en el metabolismo cerebral de un grupo de niñas "hiperactivas" (Ernst y otros, 1994). Como señala Rapoport (1995), "[debido a que] los exámenes PET pueden ser engorrosos y difíciles de efectuar correctamente [...] ha sido muy difícil replicar los resultados".

Aun cuando los investigadores hubieran encontrado diferencias significativas entre los índices metabólicos de la glucosa cerebral determinados por los exámenes PET de los cerebros así llamados "normales" y "con ADHD", no podemos tener la certeza de que esas diferencias sean consecuencia de problemas neurológicos inherentes a los grupos con ADHD. Algunas investigaciones recientes indican que el factor ambiental puede tener un fuerte efecto en el metabolismo cerebral. Jeffrey M. Schwartz y sus colegas de la Facultad de Medicina de la UCLA han podido demostrar la presencia de cambios sistemáticos en los índices metabólicos de la glucosa cerebral tras un tratamiento positivo de modificación de la conducta de individuos a quienes se les había diagnosticado un trastorno obsesivo-compulsivo (Schwartz, Stoeseel, Baxter, Martin y Phellps, 1996). Si el ambiente puede crear cambios positivos en los índices metabólicos de la glucosa cerebral, también podría crear cambios negativos.

Según veremos en el capítulo siguiente, ciertos factores como el estrés, la desavenencia familiar y las presiones culturales pueden cumplir un papel muy importante en la incidencia de los tipos de conducta asociada con el ADD/ADHD entre algunas personas. Es muy posible que interactúen factores ambientales con la composición química del cerebro para crear lo que parece ser un "cerebro anormal", pero que en realidad podría ser un cerebro intacto que está respondiendo a un "ambiente anormal".

Los estudios mediante imágenes de resonancia magnética (MRI)

El uso de la tecnología MRI les ha permitido a los investigadores observar rasgos estructurales en los cerebros de pacientes con ADD/ADHD y en los de personas "normales". Mediante esta tecnología, J. N. Giedd y sus colegas del Instituto Nacional de Salud Mental compararon secciones de la región transversal mediosagital del cuerpo calloso (un conjunto de fibras nerviosas que conectan los hemisferios derecho e izquierdo) de dieciocho varones jóvenes con diagnóstico de ADHD y otros dieciocho muchachos "normales" (Giedd y otros, 1994). Encontraron que en el grupo identificado como "con ADHD", el rostrum y las regiones corporales rostrales del cuerpo calloso eran más pequeños al nivel de significación del 0,05.

Este estudio, y otros similares, se utilizan como indicadores de que las personas con ADHD tienen cerebros anormales. Pero el estudio mismo determinó que "no se encontraron anormalidades grandes en ningún sujeto" a partir de los exámenes de MRI (Giedd y otros, 1994, pág. 666). Además, el estudio no detectó ninguna correlación entre las diferencias cerebrales y los índices de atención en las personas identificadas como "con trastorno de déficit de atención". Las diferencias halladas en el grupo con "ADHD" eran leves y aparecían en sólo dos de las siete regiones examinadas: en regiones relacionadas con el funcionamiento premotor. Lo que es más importante, aun si estas diferencias neuroanatómicas realmente existen (es decir, si en futuros estudios se logra replicar estos resultados), bien podrían representar sólo eso –diferencias– y no necesariamente trastornos.

Tendríamos que evitar atribuirles patologías a las personas tan rápidamente, sobre la base de las leves diferencias presentes en las protuberancias que hay dentro del cerebro, o podríamos incurrir en una versión neurológica moderna de la trampa en la que cayeron los médicos de los siglos XVIII y XIX, cuando tomaban en cuenta los rasgos faciales, o sea, las protuberancias en la parte de afuera de la cabeza, para determinar quién tenía tendencias criminales u otras características morales deshonrosas (véase Gould, 1981, para una perspectiva histórica). Para usar una metáfora, si los jardineros trataran a sus flores como los psiquiatras tratan a sus pacientes "con ADHD", bien podríamos escuchar cosas tales como: "Este lirio tiene un trastorno de déficit de pétalos", o "Mi hiedra se ha vuelto hiperactiva". Debemos considerar la posibilidad de que la diversidad neurológica podría ser un desarrollo potencialmente saludable.

Los estudios genéticos

Una tercera fuente de respaldo a la creencia de que el ADD/ADHD es un trastorno neurobiológico viene de los estudios genéticos. En un estudio que recibió casi tanta publicidad como el antes mencionado examen PET de Zametkin de 1990 (para un ejemplo de la atención que le dispensaron los medios de comunicación, véase Maugh, 1996), los investigadores de la Universidad de California en Irvine afirmaron haber descubierto un nexo entre los niños con ADHD y un gen específico (el gen receptor de la dopamina D4) asociado con la conducta de "buscar lo novedoso" (La Hoste y otros, 1996).

Sin embargo, en otro artículo que apareció en la misma publicación, *Molecular Biology*, unos meses más tarde (Malhatra y otros, 1996), se cuestionaba la existencia misma de un nexo entre el gen receptor de la dopamina D4 y el rasgo conductal de la búsqueda de lo novedoso. Más recientemente, un artículo de seguimiento publicado en *Molecular Biology* señaló el hecho de que nuevos datos obtenidos no corroboraron la existencia de una asociación entre este gen y los cerebros de las personas identificadas como pacientes con ADHD (Castellanos y otros, 1998).

En otro estudio que atrajo mucha publicidad (Taylor y Sandberg, 1984), los investigadores del Instituto Nacional de Salud Mental sostuvieron que algunos casos de ADHD se debían a un trastorno tiroideo causado por mutaciones en un gen receptor de la tiroides (Hauser y otros, 1993). Un estudio posterior de 132 niños con diagnóstico de ADHD, sin embargo, no reveló indicios de una disfunción tiroidea clínicamente significativa (Spencer, Biederman, Wilens y Guite, 1995).

Hay muchas dificultades inherentes al intento de fundamentar el origen genético del ADHD. En primer lugar, ¿cómo pueden reducirse los complejos sentimientos, conductas y pensamientos de una persona a un único gen (un gen de "ADHD") o incluso a una serie de genes? Según explica la profesora emérita de Biología de Harvard Ruth Hubbard, al referirse a otro rótulo educacional común, el de los trastornos de aprendizaje:

Existe una enorme distancia desde un gen y la proteína en cuya síntesis éste interviene hasta una conducta compleja como un "trastorno de aprendizaje". Los psicólogos y los docentes deben entender esto y dejar de pretender obtener beneficios prácticos a partir de correlaciones sobresimplificadas (Hubbard y Wald, 1993, pág. 129).

En segundo lugar, los rasgos asociados con el ADHD son muy generales y podrían parecer muy distintos en diferentes contextos. Los medios de difusión han descrito en forma variada al gen receptor de la dopamina D4, como un gen de "búsqueda de lo novedoso", "búsqueda de emociones fuertes" o "disposición a correr riesgos". Cada uno de estos términos implica diferentes cosas, algunas más positivas que otras. Correr riesgos parece peligroso, pero buscar lo novedoso podría ser algo bueno. De hecho, en la investigación que reseñaré en el próximo capítulo, los rasgos propios de una persona creativa (incluyendo la inclinación a buscar lo novedoso) se parecen mucho a los "síntomas" del ADHD. De modo que es posible que ese rasgo sea hereditario, aunque hay dos estudios que indican que no lo es (Castellanos y otros, 1998; La Hoste, 1996). ¿Pero eso quiere decir que algo llamado "ADHD" es hereditario? Hay que hacer un acto de fe muy grande para establecer esa conexión.

Por último, las características genéticas no son necesariamente factores inmutables insertados con firmeza en nuestro carácter desde el nacimiento en adelante. Las investigaciones recientes indican que el ambiente puede jugar un papel mucho más importante del que se creía posible en cuanto a modificar el material genético. En un estudio realizado en la Universidad McGill, los investigadores separaron a unas ratas recién nacidas de sus madres, durante quince minutos o bien durante seis horas por día. Uno de los investigadores, el biólogo Michael Meany, informó: "Constatamos que tanto los receptores [de ciertas sustancias químicas del cerebro] como el gen para los receptores resultaron alterados" como consecuencia del estrés de la separación en el grupo separado durante seis horas (Begley, 1996, pág. 57).

Es muy posible, por lo tanto, que el estrés u otros factores ambientales tengan una gran influencia en la desorganización del mapa genético para el flujo de neurotransmisores en los cerebros de los niños a quienes se atribuye el ADD / ADHD. En tal caso, resulta problemático afirmar que el ADD/ADHD es un trastorno puramente biológico o clínico. En el mejor de los casos, es más probable que sea una intrincada contradanza entre predisposiciones genéticas y factores ambientales la que provoca los síntomas asociados con el ADD/ADHD.

Una vez más, el ADD/ADHD se parece mucho más a una compleja interacción entre el cerebro y el mundo que a cualquier clase de problema intrínsecamente clínico, localizado exclusivamente dentro de los genes o los componentes químicos del cerebro de un niño. Desdichadamente, nuestra cultura ha tendido a incurrir en un generalizado "biorreduccionismo" de rasgos y características que antes se consideraban una parte natural del espectro de la variación humana. Un teórico de la biología, Brian Goodwin, propone lo siguiente: "Tenemos que idear una manera de practicar la biología que vaya más allá del gen, y cultivar modos intuitivos de conocer las totalidades y los organismos" (citado en Blakeslee, 1997). El factor biológico debe ser un componente importante de un enfoque holístico de los niños con ADD/ADHD, pero no debería asumir el papel central y reduccionista que tiene en el actual paradigma del ADD/ADHD.

Supuesto n° 2:
LOS SÍNTOMAS PRIMARIOS DEL ADD/ADHD
SON LA HIPERACTIVIDAD, LA FALTA DE ATENCIÓN
Y LA IMPULSIVIDAD

La existencia de los síntomas de hiperactividad, falta de atención e impulsividad en los escolares no es una mera creencia, sino un hecho observado. Sostener que estos tipos de conducta representan las principales manifestaciones de algo llamado ADD/ADHD, en cambio, nos lleva al terreno de la creencia, una creencia que puede ser cuestionada. Esto es especialmente cierto debido a que la hiperactividad, la falta de atención y la impulsividad se cuentan entre las clases de conductas más globales y generalizadas que se ven en la niñez y la adolescencia. Se las puede observar en prácticamente todos los niños durante ciertas partes de su vida (especialmente en la primera infancia y durante la adolescencia) y bajo ciertos tipos de condiciones en otras etapas de la vida que incluyen estrés, aburrimiento, entusiasmo y otras emociones semejantes. Un niño puede ser hiperactivo, desatento o impulsivo porque está deprimido, es ansioso, es alérgico a la leche, es muy creativo, lo aburren las tareas escolares, no sabe leer o tiene un temperamento difícil, entre una multitud de otros factores. ¿Cómo podemos definir con precisión el ADD/ADHD si lo identificamos –y catalogamos a los niños– sobre la base de alguna combinación de estos tres tipos de conducta altamente globales? ¿Qué certidumbre hay en esto?

Esta cuestión se vuelve aun más incierta cuando vemos estudios que indican que entre los niños catalogados como pacientes con ADD/ADHD, los síntomas de hiperactividad, falta de atención o impulsividad pueden decrecer en intensidad y hasta desaparecer en ciertos contextos psicosociales. Las investigaciones sugieren que los chicos con diagnóstico de ADD/ADHD se comportan de un modo más normal en situaciones como las siguientes:

- en relaciones uno a uno (véase Barkley, 1990, págs. 56-57);
- en situaciones en las que se les paga para que realicen una tarea (véase McGuinness, 1985, pág. 205);
- en ambientes que incluyen algo novedoso o altamente estimulante (véase Zentall, 1980);
- en contextos en los que ellos pueden controlar el ritmo de la experiencia de aprendizaje (Sykes, Douglas y Morgenstern, 1973);
- en los momentos en que interactúan con una figura de autoridad masculina, en vez de una figura femenina (Sleator y Ullmann, 1981).

En consecuencia, los síntomas de este trastorno parecen depender mucho del contexto. La vaguedad de los criterios conductales utilizados para establecer un diagnóstico de ADD/ADHD ha dado lugar a una creciente bibliografía crítica del paradigma del ADD/ADHD (por ejemplo, Armstrong, 1997; Goodman y Poillion, 1992; McGuiness, 1989; Reid, R., Maag y Vasa, 1993). Esa imprecisión resultará aún más notoria cuando examinemos las evaluaciones empleadas para diagnosticar el ADD/ADHD.

Supuesto n° 3:
EL ADD/ADHD AFECTA AL 3 - 5 %
DE TODOS LOS NIÑOS

La Asociación Psiquiátrica Americana, en la cuarta edición (DSM IV) de su *Manual de diagnóstico y estadística de las enfermedades mentales* (1994, pág. 82), indica que entre el 3 % y el 5 % de todos los escolares tiene ADHD, y muchas otros trabajos sobre el ADD / ADHD han seguido esta fuente (por ejemplo, CHADD, 1994; Wallis, 1994). Un examen más amplio de la bibliografía sobre el tema, sin embargo, muestra que hay una gama muy amplia de variación percibida en la incidencia del ADD/ADHD. Veamos algunos ejemplos:

- Un artículo profesional para médicos clínicos indica que "la incidencia de este trastorno, según informes de su aparición en la práctica clínica, es del 6 % al 8 %" (Johnson, 1997, pág. 155).
- Un libro muy prestigioso sobre ADHD para educadores informa: "Los expertos estiman que entre el 3 % y el 10 % de los niños en edad escolar están afectados. Las cifras estimadas que con mayor frecuencia se mencionan en la bibliografía son del 3 % al 5 %. Sin embargo, es muy probable que estén subestimadas debido a que muchas niñas con ADD quedan sin diagnosticar" (Rief, 1993, pág. 3).
- En el manual de Russell Barkley sobre el ADD / ADHD se informan variaciones de entre el 1 y el 20 %. Barkley señala que cualquier cifra referente a la incidencia del ADD / ADHD "depende en gran medida de cómo se decida definir al ADHD, de la población estudiada, de la ubicación geográfica de la encuesta y hasta del grado de acuerdo requerido entre padres, docentes y profesionales" (Barkley, 1990, pág. 61).

El comentario de Barkley es revelador, pues sugiere que la definición del ADHD es altamente inestable y depende en buena medida de las decisiones subjetivas de un grupo de personas que parecen no ponerse de acuerdo acerca de qué constituye un auténtico ADHD (McGuinness, 1989). En un tiempo, los clínicos de los Estados Unidos y Gran Bretaña consideraban que los síntomas asociados con el ADHD afectaban sólo a una pequeña proporción de la población total (menos del 1%) (véanse Goodman y Poillion, 1992; Taylor y Sandberg, 1984). Pero en los últimos años ha habido una clara "corriente" hacia porcentajes cada vez mayores de incidencia del ADHD. Más recientemente, Ratey y Johnson (1998) han señalado que podría existir una variedad subclínica del ADHD que extendería el ADHD neto a una población aún más grande. La idea de que el ADHD pueda afectar a una proporción substancial de la población (digamos, a más del 10 %) cuando hace veinte años su existencia era prácticamente desconocida debería movernos a la reflexión. ¿Es posible que el paradigma del ADD/ADHD esté convirtiendo en aberraciones patológicas algunos aspectos de la conducta que antes se consideraban como una parte natural de la variación humana? De ser así, ¿qué repercusión podrá tener esta "medicalización" de la conducta humana en otras esferas? ¿Podría suceder que pronto veamos otros aspectos de la variación humana convertidos en trastornos (por ejemplo, el trastorno de déficit de valentía, el trastorno de déficit de sinceridad o el trastorno de déficit de ambición)?

Supuesto n° 4:
EL ADD/ADHD PUEDE DIAGNOSTICARSE MEDIANTE EXÁMENES CLÍNICOS, OBSERVACIONES, ESCALAS DE CONDUCTA, TAREAS DE EJECUCIÓN Y TESTS PSICOLÓGICOS

Como se dijo en la sección anterior, la variación en las cifras correspondientes a personas sospechadas de tener ADD/ADHD parece guardar relación directa con los problemas propios de las evaluaciones empleadas para diagnosticarlo. Según se indica en el manual DSM IV: "No existen tests de laboratorios que hayan sido establecidos como diagnósticos para la evaluación clínica del síndrome de déficit de atención/hiperactividad" (Asociación Psiquiátrica Americana, 1994, pág. 81). En consecuencia, los profesionales han tenido que arreglárselas con una diversidad de métodos e instrumentos que presentan serios problemas de confiabilidad y validez.

Exámenes clínicos

Lo que podría verse como uno de los métodos más seguros –una consulta con un médico capacitado para diagnosticar el ADHD– de hecho parece ser uno de los menos útiles (excepto para descartar otros problemas clínicos), pues las investigaciones indican que en el 80 % de los casos los síntomas del ADHD "desaparecen" en el consultorio del médico (Sleator y Ullmann, 1981). Esto responde a que se trata de una relación de uno a uno con una figura de autoridad (generalmente) masculina en un ambiente novedoso (factores que, como vimos en la sección anterior, reducen o eliminan los síntomas asociados con el ADD/ADHD). En consecuencia, las formas de evaluación empleadas para diagnosticar el ADD/ADHD han tendido a recurrir a tres fuentes principales de información: observaciones/escalas de conducta, tareas de ejecución continua y tests psicológicos.

Escalas de conducta

Las escalas de conducta son listados de varios ítem relativos a la atención y el comportamiento del niño en el hogar y en la escuela. En una escala de uso muy frecuente, se pide a los maestros que le asignen al niño una puntuación en una escala del 1 (casi nunca) al 5 (casi siempre) en función de ciertas manifestaciones conductales como: "Desasosegado (mueve las manos todo el tiempo)", "Inquieto (se revuelve en el asiento)" y "Sigue una secuencia de instrucciones".

La mayor dificultad con estos tipos de instrumentos es que se basan íntegramente en juicios *subjetivos*. ¿Cómo puede puntuar el maestro, por ejemplo, el ítem "Inquieto (se revuelve en el asiento)"? Tal vez el niño se revuelve cuando tiene que rendir un examen o hacer una serie de cuentas, pero no cuando realiza una actividad manual. Esta distinción no tiene cabida en la escala de conducta. Lo que es más, hay un juicio de valor implícito en afirmaciones como "se revuelve en el asiento". La implicación parece ser que revolverse es algo malo (que conduce hacia un diagnóstico de ADHD). Pero ¿y si el niño se revuelve por el entusiasmo y la anticipación de aprender algo nuevo, o como una parte natural de su naturaleza altamente física? Por otra parte, dado que las escalas de este tipo están dirigidas a detectar, por ejemplo, la *hiperactividad*, a efectos estadísticos debería haber otro polo en el continuo que apuntara hacia la *hipoactividad* (el niño inactivo). Pero nunca encontramos escalas para detectar y tratar al niño hipoactivo. Los problemas inherentes a la elaboración de una escala válida podrían explicar por qué suele haber tantas discrepancias entre los grupos de personas que completan este tipo de escalas (McGuiness, 1985, 1989; Reid, R. y Magg, 1994).

Tareas de ejecución continua

Las tareas de ejecución continua (CPT) parecen haber resuelto el problema de la subjetividad de la escala de conducta por la vía de encomendarle la evaluación a una máquina (usualmente computarizada). Estas tareas consisten en acciones repetitivas que requieren que el niño se mantenga alerta y atento durante todo el test. Las primeras versiones de estas tareas se diseñaron a efectos de seleccionar candidatos para las operaciones de radar durante la Segunda Guerra Mundial. Su pertinencia para las vidas de los niños de hoy parece muy limitada.

Un instrumento de CPT muy difundido consiste en una caja de plástico con un botón grande en el frente y un dispositivo electrónico encima que va mostrando una serie de dígitos al azar. Se le indica al niño que oprima el botón cada vez que un "1" va seguido por un "9". La caja registra entonces la cantidad de "aciertos" y "fallos" que tuvo el niño. Más allá de que esta tarea no guarda semejanza con ninguna otra actividad que el niño vaya a efectuar en toda su vida, este instrumento crea una puntuación "objetiva" que se toma como una medida importante de la probabilidad de que el chico tenga ADHD. Más recientemente, se ha utilizado en estudios de resonancia magnética (MRI) funcional para mostrar diferencias en la actividad cerebral entre niños catalogados como con ADHD y los identificados como normales (Vaidya y otros, 1998). En realidad, sólo nos muestra cómo se desempeña un niño cuando se lo obliga a prestar atención a una serie de números sin sentido en una máquina que parece salida de un libro de Orwell.

Estos tipos de evaluaciones descontextualizadas implican la pretensión de emitir juicios sobre la naturaleza global del niño en función de una minúscula fracción de reacciones aisladas ante una experiencia artificial en la vida de un ser humano. Como tales, su validez –en el sentido más amplio del término– es muy cuestionable.

Tests psicológicos

Los educadores y los psicólogos han empleado otros instrumentos diagnósticos estandarizados con la intención de diferenciar a los grupos con ADD/ADHD de los grupos que no lo tienen, como por ejemplo, los siguientes:

- el Test de Combinación de Figuras Familiares (MFFT);
- algunas puntuaciones secundarias de la Escala de Inteligencia de Wechsler para Niños;
- el Test de Clasificación de Tarjetas de Wisconsin.

Pero incluso algunas figuras prominentes en el campo del ADD/ADHD opinan que estas mediciones son engañosas (por ejemplo, Barkley, 1990, págs. 330-332).

Supuesto n° 5:
EL MÉTODO MÁS EFICAZ PARA TRATAR EL ADD/ADHD CONSISTE EN LA ADMINISTRACIÓN DE PSICOESTIMULANTES COMO LA RITALINA

Las investigaciones realizadas corroboran la eficacia de medicamentos como el clorhidrato de metilfenidato (Ritalina) para obtener diversos resultados, incluyendo la disminución de la inquietud motora gruesa y fina y el aumento de la atención, especialmente en ámbitos orientados a la realización de tareas, como las aulas tradicionales (Abikoff y Gittelman, 1985).

La medicación también se asocia con mejoras en el cumplimiento de las instrucciones del docente o los padres, reducción de la agresividad hacia los pares y mejora en las relaciones sociales con padres, docentes y pares (Swanson y otros, 1993). Si el significado de "eficacia" se relaciona con estos tipos de cambios conductales externamente observables, entonces este supuesto del paradigma del ADD / ADHD podría considerarse correcto.

Pero algunos problemas inherentes al uso de la Ritalina podrían limitar su verdadera "eficacia" en un sentido más profundo del término. Como señalan Swanson y sus colaboradores (1993), los beneficios de la medicación estimulante son temporarios. La Ritalina, por ejemplo, es una droga de acción breve, cuyos efectos desaparecen a las pocas horas de haberla ingerido. En consecuencia, no es de ninguna manera una "cura" o siquiera un intento serio de atacar de raíz lo que sea que fuere el ADHD. Sólo sirve para aliviar los síntomas.

Uno de los mayores problemas con la Ritalina es la eficacia misma con que actúa. Como reprime la hiperactividad, la impulsividad o la desatención del niño, es muy posible que los padres, docentes y profesionales tengan la falsa sensación de que el problema ha quedado resuelto. Esto podría disuadirlos de tratar de emplear métodos no médicos que de hecho podrían llegar más profundamente a la causa central de los problemas de conducta o de atención del niño (por ejemplo, angustia emocional, problemas de aprendizaje).

La Ritalina también tiene efectos adversos, que muchos especialistas en el tema del ADD / ADHD han pasado por alto o subestimado. Algunas de esas desventajas son:

1. La Ritalina puede debilitar sutilmente el sentido de responsabilidad del niño, al hacerlo atribuir su conducta positiva y negativa a una droga (por ejemplo: "La razón por la que le pegué a ese chico es que hoy me olvidé de tomar la píldora 'que me hace bueno' "). (Pelham y otros, 1992; Whalen y Henker, 1980; Whalen, Henker, Hinshaw, Heller y Huber-Dressler, 1991).

2. Aunque no hay pruebas evidentes de que la Ritalina u otros psicoestimulantes conduzcan al abuso de drogas, de todos modos parece imprudente recurrir de inmediato a una droga como solución para un problema de la vida, cuando las investigaciones indican que algunos chicos catalogados como con ADD / ADHD pueden llegar a incurrir en un abuso de sustancias en su edad

adulta (Mannuzza, Klein, Bessler, Malloy y LaPadula, 1993). La Ritalina es químicamente similar –aunque muy diferente en cuanto a sus patrones de metabolismo en el cuerpo– a la cocaína (Volkow y otros, 1995), y hay indicios de que las ratas que han sido expuestas a la Ritalina a comienzos de su desarrollo podrían más adelante tener mayor tendencia a la autoadministración de cocaína·que las ratas que no fueron previamente expuestas (Drug Enforcement Administration, 1995). Cuando esta información se combina con el indicio de que la Ritalina puede causar un "efecto intoxicante" en niños mayores y adolescentes (Corrigall y Ford, 1996) y es utilizada entre los adolescentes como una "droga callejera" (Hancock, 1996; Manning, 1995), parecería haber razones para no recurrir automáticamente a la Ritalina en respuesta a la conducta hiperactiva, impulsiva o desatenta de un niño, sobre todo si hay otros métodos no médicos que podrían dar buen resultado.

3. Las pruebas aportadas por la investigación muestran que a muchos niños no les gusta tomar drogas como la Ritalina, que los hace sentirse "raros", "extraños" y "diferentes de los demás chicos", y que también les provoca una serie de efectos físicos colaterales desagradables, como náuseas e insomnio (Sleator, Ullmann y Neumann, 1982; Gibbs, 1998).

4. El uso de psicoestimulantes como la Ritalina puede ser causa de descalificación para ingresar al servicio militar o participar en algunas actividades atléticas intercolegiales (Dyment, 1990; Zoldan, 1997).

Estos problemas ciertamente no justifican la airada reacción de algunas personas y grupos que han enfrentado el uso de la Ritalina con el mismo fervor paranoico que otros solían manifestar hacia la fluorización de la red de aguas corrientes (véanse Cowart, 1998; Safer y Krager, 1992).

La Ritalina sin duda tiene su lugar en todo modelo holístico de las dificultades de atención y de conducta (Asociación Americana de Pediatría, 1987; Turecki, 1989, pág. 231). En ese contexto, parecería ser un instrumento eficaz para tratar los aspectos de las dificultades del niño que son de raíz biológica.

El modelo que estoy proponiendo en este libro, sin embargo, no considera que el aspecto biológico sea el núcleo central del "problema" (al menos para muchos de los niños catalogados como pacientes con ADD/ADHD), sino uno de sus muchos "ejes" (véase el capítulo 2). Por lo tanto, sostengo que los docentes no deben considerar el uso de la Ritalina (ni el de otras drogas psicoactivas) como "el primero y más eficaz de los tratamientos", sino como un instrumento, entre una amplia gama de alternativas, que pueden emplear los docentes y los padres para ayudar a los niños con problemas de atención y de conducta. La dificultad con la Ritalina no es que los niños la tomen, sino que muchos profesionales y padres recurren a ella con demasiada rapidez y recomiendan su uso para demasiados niños que podrían no necesitarla si se les diera acceso a una gama más amplia de estrategias (véanse Breggin, 1998; Diller, 1998; Divoky, 1989; Garber, Garber y Spizman, 1997).

Supuesto n° 6:
MUCHOS NIÑOS CONTINUARÁN TENIENDO ADD/ADHD DURANTE TODA LA VIDA

Según los textos sobre el ADD/ADHD, la gente solía pensar que los síntomas asociados con este síndrome desaparecían después de la infancia. Sin embargo, las investigaciones actuales indican que algunos niños catalogados como pacientes de ADD/ADHD seguirán teniendo el "trastorno" en la adolescencia y la edad adulta (Asociación Americana de Psiquiatría, 1994; Klein y Mannuzza, 1991). Estos resultados han fomentado un nuevo crecimiento de la industria del ADD/ADHD, aun mayor que el originalmente desarrollado en torno a los niños, orientado hacia las necesidades del "adulto con ADD/ADHD" (Sudderth y Kandel, 1997).

Lo que omiten los comentarios sobre estas nuevas investigaciones es el complemento evidente de esos resultados: si algunos niños catalogados como con ADD/ADHD continuarán teniendo el síndrome durante su vida adulta, se sigue lógicamente que para algunos otros niños igualmente catalogados, el trastorno va a desaparecer. Como se señala en el DSM IV:

En la mayoría de los individuos, los síntomas se atenúan durante la adolescencia tardía y la edad adulta, aunque una minoría experimenta todos los síntomas del ADD/ADHD hasta mediados de su vida adulta. Otros adultos podrían retener sólo algunos de los síntomas, en cuyo caso debe aplicarse el diagnóstico de Trastorno de Déficit de Atención/Hiperactividad en Remisión Parcial (Asociación Psiquiátrica Americana, 1994, pág. 82).

Algunos estudios sobre este tema sugieren que los chicos "con ADD/ADHD" aprenden a controlar o compensar su trastorno con el correr del tiempo. Otro modo de expresarlo es decir que maduran y se vuelven capaces de ser menos hiperactivos, por ejemplo, o pueden canalizar esa hiperactividad por vías socialmente aceptadas.

Pero cuando se plantea este tipo de argumento, parecemos alejarnos del paradigma biológico –en el que se basa el ADD/ADHD– y avanzar hacia un paradigma más evolutivo, que contiene supuestos sobre el aprendizaje y el crecimiento diferentes de los que sostienen los adherentes al ADD/ADHD (véase el próximo capítulo para un comentario más completo sobre la perspectiva evolutiva). Aunque sin duda se puede argüir que "muchos niños con síndrome de déficit de atención con o sin hiperactividad aprenden a compensar sus síntomas cuando llegan a adultos", también podría plantearse un argumento contrapuesto: que "las personas con conducta hiperactiva durante la niñez maduran y descubren el valor de su hiperactividad en la vida adulta, y aprenden a usarla para mejorar sus vidas y las de los demás."

En el enfoque del "vaso medio vacío" del ADD/ADHD, el trastorno continúa hasta la edad adulta pero es "mínimo" o está "en remisión". En el enfoque más holístico/evolutivo del "vaso medio lleno", la persona crece y, al madurar, puede descubrir que las mismas cosas que le crearon tantos problemas en la infancia eran justamente los rasgos que la condujeron a tener éxito en su vida adulta.

Supuesto n° 7
UN NIÑO PUEDE TENER ADD/ADHD
Y TAMBIÉN OTROS TRASTORNOS

Este supuesto de que un niño puede tener ADD/ADHD junto con otros trastornos como dificultades de aprendizaje, ansiedad y alteraciones del estado de ánimo incluye, a su vez, el supuesto de que hay diferentes subtipos de ADD/ADHD. Este último supuesto del paradigma del ADD/ADHD es el más engañoso de todos.

Como se comentó anteriormente en este capítulo, hay muchos problemas con la definición del síndrome. En el capítulo siguiente veremos que los investigadores han descubierto muchas otras maneras de explicar la hiperactividad, la impulsividad y la falta de atención fuera de la de plantear la existencia de un trastorno específico como el ADD/ADHD. Por ejemplo, en el próximo capítulo veremos que un niño puede ser hiperactivo porque es ansioso, está deprimido o se siente frustrado con su aprendizaje en el hogar y la escuela.

¿Cómo podemos tener la certeza de que la hiperactividad no se deriva de estos problemas más profundos? Los expertos en el ADD/ADHD han encontrado un modo de preservar su trastorno (y por ende, el paradigma entero) y al mismo tiempo explicar estas anomalías. "Es muy simple", dirán, "un niño puede tener ambas cosas: el ADD/ADHD y un trastorno de ansiedad [o del estado de ánimo, o de aprendizaje]". Esta especie de postulación de un trastorno múltiple se denomina "comorbilidad". Dicho razonamiento deja sin explicar dónde termina el trastorno de déficit de atención y comienza el trastorno de ansiedad o de aprendizaje. Esto les permite a los expositores del ADD/ADHD eludir el dificultoso problema de "confundir las variables" (es decir: "No estamos seguros de si es ansiedad o ADD/ADHD, así que digamos simplemente que son ambas cosas").

El mismo tipo de enfoque fraccionario se ha empleado para enfrentar las anomalías observadas en niños catalogados como con ADD/ADHD que no parecen ajustarse a la definición original de un "déficit de atención". Por ejemplo, algunos padres podrían alegar: "pero mi hijo no tiene problemas para prestar atención; de hecho, se pasa horas jugando con el Lego [o con videojuegos u otras actividades que le gustan]".

En lugar de considerar que ésta es una anomalía que cuestiona los fundamentos del paradigma del ADD/ADHD, los investigadores del síndrome se limitan a hacer un leve ajuste al paradigma para adecuarlo a estas nuevas constataciones. "Vea usted", podrían explicarle al padre, "sabemos que este tipo de conducta es parte del problema; lo denominamos hiperconcentración y es algo que estamos observando en un creciente porcentaje de niños con ADD/ADHD".

La índole dual del término mismo –ADD/ADHD– revela un intento de afrontar la observación de que algunos niños de los que se pensaba que tenían ADD eran hiperactivos y otros no lo eran en absoluto, sino que se distraían más. En lugar de usar esta observación como una oportunidad para reconsiderar todo el paradigma, la respuesta fue conservar el paradigma y simplemente empezar a hablar de "subtipos". La proliferación de factores y subtipos "comórbidos" en el mundo del ADD/ADHD (Asociación Psiquiátrica Americana, 1994; Biederman, Newcorno y Sprich, 1991; Hallowell y Ratey, 1994a, 1994b) revela el intento (¡hasta ahora exitoso!) de los proponentes del ADD/ADHD por preservar el paradigma a pesar de haber pruebas crecientes de que muchos niños no se ajustan precisamente a su estructura.

Un paradigma sólo puede lograr este tipo de cosas por un tiempo limitado, antes de empezar a desmoronarse. Ptolomeo, el astrónomo del siglo II d.C., por ejemplo, continuó agregando pequeños epiciclos a su paradigma para dar cuenta de las anomalías en la hipótesis del movimiento circular de los planetas. Finalmente, el científico del siglo XVII Johannes Kepler dio cuenta de esas anomalías considerando que los planetas se movían en elipses. A través de adoptar una perspectiva radicalmente distinta para considerar el movimiento de los planetas (o de cambiar de paradigma), Kepler pudo explicar mejor los datos astronómicos con que por entonces contaban los científicos. De la misma manera, el mundo del ADD/ADHD ha intentado dar cuenta de la creciente cantidad de anomalías en su paradigma por la vía de agregarle su propia versión de los "epiciclos" (subtipos, factores comórbidos, etcétera).

Mediante un enfoque holístico del tema del ADD/ADHD, se procura dejar de lado este método de "hacer adiciones a las categorías" para dar cuenta de las anomalías, y se busca una mejor manera de encontrarle el sentido a la gran diversidad existente entre los niños que tienen dificultades de atención y de conducta en el aula. En el capítulo 2 examinaremos una serie de paradigmas o perspectivas alternativos que tienden a explicar esta diversidad de un modo más cabal.

Capítulo 2

Alternativas al paradigma del ADD/ADHD

Como expuse en el capítulo anterior, el paradigma del ADD/ADHD es cuestionable como instrumento conceptual para dar cuenta de la conducta hiperactiva, desatenta o impulsiva de los niños en edad escolar. En este capítulo me propongo explorar algunas formas alternativas de interpretar estos mismos tipos de conducta. En esencia, presentaré una serie de perspectivas diversas al paradigma de base biológica del ADD/ADHD: la perspectiva histórica, la sociocultural, la cognitiva, la educacional, la evolutiva, la relativa al género y la psicoafectiva. No sostengo que alguno de estos paradigmas sea la respuesta definitiva que deba *reemplazar* a la perspectiva convencional del ADD/ADHD. Cada una de estas perspectivas cubre *un aspecto del panorama total* y contiene aspectos importantes que normalmente son dejados de lado en la visión del mundo del ADD/ADHD.

PERSPECTIVA HISTÓRICA

Muchos libros escritos desde la perspectiva del ADD/ADHD incluyen una sección en la que se reseña la historia del ADD/ADHD. Barkley (1990, págs. 3-38), por ejemplo, apunta que el ADD/ADHD fue observado por primera vez en 1902 por George Still, un médico británico que hizo un informe sobre 20 niños desobedientes y agresivos que había atendido, de los que él pensaba que tenían "defectos morales" debidos a problemas neurológicos subyacentes (Still, 1902). Barkley hace luego mención a una epidemia de encefalitis letárgica ocurrida en 1917-1918, en la que los niños sobrevivientes a menudo presentaban síntomas del tipo de los del ADD/ADHD. A continuación, se refiere a las investigaciones efectuadas durante las décadas de 1930 y 1940 sobre los problemas cognitivos y conductales de los niños con daño cerebral, y la aparición del término "daño cerebral mínimo" para caracterizar a los chicos que tenían similares trastornos de conducta sin daño cerebral evidente. Barkley señala que en las décadas de 1950 y 1960 se utilizaron las expresiones *hiperquinético* e *hiperactivo*, y observa que la de 1970 fue la década del verdadero nacimiento del término *trastorno de déficit de atención*. Según este autor, los años ochenta fueron una época de creciente investigación del ADD/ADHD y marcaron el comienzo de una campaña nacional dedicada al tratamiento de esta condición, mientras que en la década de 1990 se profundizó la descripción de síntomas, subtipos, factores comórbidos y otros aspectos de este trastorno.

La implicación de esta historia es que el ADD/ADHD ha estado siempre entre nosotros, pero sólo en los últimos años hemos realizado un verdadero avance en nuestra habilidad para detectarlo y tratarlo en forma apropiada. Es posible, sin embargo, adoptar un punto de vista muy distinto respecto de este síndrome y su historia. En lugar de considerar el desarrollo del ADD/ADHD dentro del contexto de un fenómeno biológico en el acto de ser descubierto, podemos examinarlo *simplemente como una corriente histórica con vida y dirección propias*. En este contexto, podríamos contemplar al ADD/ADHD como un fenómeno relativamente reciente que hizo irrupción en la escena estadounidense en los últimos quince años, como resultado de determinados procesos sociales, políticos y económicos ocurridos en los campos de la psicología, la psiquiatría, la educación, los negocios y el gobierno.

Si adoptamos una posición extrema dentro de este paradigma histórico, podríamos considerar que el ADD/ADHD no es nada más que un fenómeno histórico con raíces muy concretas en el pasado reciente. Aun haciendo referencia a la historia de Barkley (1990), hasta hace muy poco tiempo los profesionales de la educación y de otros campos afines atribuían los tipos de conductas asociadas con el ADD/ADHD a tan sólo un número pequeño de niños (mucho menos del 3 - 5 % de todos los escolares). Los niños así diagnosticados habían experimentado un daño cerebral muy específico como resultado de haber tenido encefalitis, anoxia al nacer y otras enfermedades o traumas físicos.

Desde la aparición del *Manual de diagnóstico y estadística* (DSM) de la Asociación Psiquiátrica Americana en 1968, los profesionales han ido cambiándole la denominación y la categoría diagnóstica a los tipos de conductas asociadas con el ADD / ADHD. Como apuntan McBurnett, Lahey y Pfiffner (1993, pág. 199):

> El problema de la terminología y la clasificación del ADD es una cuestión desconcertante en el ámbito de la salud mental. Cada nueva versión del DSM ha incluido una profunda revisión de los criterios acerca del ADD. A niños con las mismas características clínicas se les ha asignado algo así como una media docena de rótulos distintos. Han aparecido y desaparecido, y vuelto a aparecer, diversos criterios para diagnosticar variantes del ADD.

Aún más revelador es el hecho de que cada vez que surge una redefinición, ésta parece abarcar a un mayor número de niños. Goodman y Poillon (1992) observan:

> El campo [del ADD] ha pasado de ser una categoría muy restringida, de base clínica, a convertirse en otra categoría mucho más amplia, más inclusiva y más subjetiva [...] En parte, esto podría deberse a que las características del ADD han sido subjetivamente definidas por una junta de expertos, en vez de haberse desarrollado sobre la base de pruebas empíricas (pág. 38).

A mi juicio, el explosivo crecimiento del ADD / ADHD en los últimos quince años se debe en gran medida a la confluencia de varios factores en la sociedad, entre los que se cuentan los que desarrollo a continuación.

La revolución cognitiva en el campo de la psicología

El tema central de las investigaciones de los psicólogos univer-sitarios pasó del conductismo (el estudio de la conducta manifiesta) en la década de 1950 y a principios de la de 1960, a la psicología cognitiva (el estudio de la mente) a partir de fines de la década de 1960. Millones de dólares en concepto de fondos para la investigación comenzaron a destinarse a estudiar diversos componentes cognitivos, como la percepción, la memoria y (significativamente) la *atención*. Al centrarse las investigaciones en el tema de la atención, sólo era una cuestión de tiempo antes de que alguien comenzara a investigar la *falta* de atención, o los "déficit atencionales". En cierto sentido, el trastorno de déficit de atención fue "construido" como un concepto legítimo en los establecimientos de investigación psicológica de los Estados Unidos y Canadá debido a este cambio en las prioridades de las investigaciones.

La revolución psicobiológica en el campo de la psiquiatría

La psiquiatría atravesó un similar cambio de prioridades al trasladarse el foco de atención desde el psicoanálisis, en el período de 1930 a 1950, a la psicobiología, a partir de los años cincuenta y sesenta. En vez de considerar que la hiperactividad de un niño se debía a un complejo paterno que requería años de análisis, los psiquiatras se inclinaron ahora a verlo como un problema psicobiológico que requería un tratamiento psicofarmacológico. Este cambio de dirección fue una influencia importante en la concomitante aparición de un creciente número de nuevas drogas psicoactivas avaladas por una industria farmacéutica multimillonaria.

Movilización de los padres y respaldo legislativo

A principios de la década de 1960, muchos padres comenzaron a organizarse políticamente para lograr que se declarara que sus hijos con bajo rendimiento escolar tenían un "problema" a ser reconocido por las autoridades médicas y legislativas. La Asociación para Niños con Trastorno de Aprendizaje (*Association for Children with Learning Disabilities*, o ACLD), por ejemplo, se fundó en 1964 y comenzó a hacer una campaña en el Congreso de los Estados Unidos para que se confiriera un *status* especial a los niños identificados como con "trastornos de aprendizaje". En 1968, este movimiento logró que el gobierno de los Estados Unidos incluyera a los trastornos de aprendizaje en la lista de las condiciones discapacitantes, y en 1975, consiguió que se garantizara la prestación de servicios escolares para esta discapacidad, a través de la Ley 94-194, o Ley de Educación para Todos los Niños Discapacitados (Lynn, 1979; Sigmon, 1987).

Una iniciativa similar de los padres en el terreno del ADD/ADHD dio por resultado la fundación de la institución Niños y Adultos con Trastornos de Déficit de Atención (*Children and Adults with Attention Deficit Disorders*, o CHADD) en 1987. Curiosamente, sin embargo, el intento de los padres de que el ADD/ADHD fuera legalmente declarado una condición discapacitante se vio frustrado en 1990; el Congreso se negó a incorporar al ADD/ADHD como condición de discapacidad bajo nuevas leyes de educación especial (Moses, 1990b).

De todos modos, el ADD/ADHD fue tácitamente corroborado a través de una carta enviada por el Departamento de Educación de los Estados Unidos a las autoridades escolares estatales, en la que se explicaba de qué modo podían obtenerse servicios para atender el ADD/ADHD a través de las leyes federales existentes (R. R. Davila, M. L. Williams y J. T. MacDonald, comunicación personal, 16 de septiembre de 1991; Moses, 1991). Como resultado de esta corroboración, las personas con diagnóstico de ADD/ADHD tenían derecho a solicitar determinados beneficios, incluyendo tiempo adicional para rendir exámenes importantes como el de ingreso a la Facultad de Medicina, subsidios de Seguridad Social a las familias con un hijo con "ADD/ADHD" y otras ventajas en la escuela y el trabajo (Machan, 1996).

Un auge en el mercado de productos de consumo

El ADD/ADHD se ha convertido en una verdadera industria en crecimiento y en un nuevo e importante mercado económico para cientos de fabricantes de materiales didácticos, compañías encargadas de hacer evaluaciones, editores, empresarios y otros individuos u organizaciones que ofrecen libros, equipos, tests, aparatos, hierbas medicinales, cursos de capacitación y otros instrumentos y servicios destinados a asistir al "niño con ADD/ ADHD". La saludable prosperidad económica de los Estados Unidos durante la década de 1990 ha contribuido a sustentar esta industria, que a través de su propia publicidad y promoción continúa ejerciendo presión sobre los consumidores para que este mercado se mantenga activo y floreciente en el futuro (ADD Warehouse, 1998; Glusker, 1997).

Atención de parte de los medios de comunicación masiva

Como se observó en el capítulo 1, durante los últimos cinco años el trastorno de déficit de atención (junto con su principal forma de tratamiento, la Ritalina) ha cruzado los límites del dominio estrictamente psicoeducacional para ingresar en la cultura popular a través de la publicación de libros de amplia difusión como *Driven to Distraction* (Hallowell y Ratey, 1994a), de artículos publicados en revistas como *Time* y *Newsweek* (Hancock, 1996; Gibbs, 1998; Wallis, 1994) y de programas de televisión como "Oprah" y otros. Esta atención de parte de los medios de comunicación masiva ha ocasionado que los padres tengan más conocimientos y mayores exigencias en cuanto a la obtención de evaluaciones y servicios para sus hijos, lo que a su vez ha provocado un nuevo auge del fenómeno del ADD.

Naturalmente, se podría argumentar que cada uno de estos procesos históricos no hace sino reflejar el creciente conocimiento de nuestra sociedad acerca de la existencia de un trastorno real. Por otro lado, podríamos conjeturar qué índole tendría hoy el fenómeno del ADD/ADHD si se hubiera dado alguna combinación de las siguientes situaciones en los últimos treinta años:

- La psicología ha decidido centrarse en el estudio de la *volición*, en lugar de la *cognición* (¡podríamos tener el "trastorno de déficit de voluntad", en tal caso!).
- La psiquiatría ha optado por la medicina china en vez de la psicobiología para el tratamiento de la "hiperactividad" (podríamos estar usando la acupuntura en lugar de la Ritalina como tratamiento).

- El Departamento de Educación de los Estados Unidos *no* envió ninguna carta a las autoridades escolares de los cincuenta estados, legitimando el ADD/ADHD (el ADD podría haberse diluido, administrativamente hablando, en nuestras aulas).
- El ADD/ADHD ha quedado como un oscuro constructo académico restringido a los departamentos de psicología de las universidades, sin ninguna atención de parte de los medios de comunicación y sin la activa intervención de los padres para reclamar servicios (los servicios para el ADD podrían haber estado limitados a unas pocas aulas de "laboratorio" esparcidas por el país).

En suma, mi opinión es que el ADD/ADHD se ha convertido en un fenómeno nacional que parece haber cobrado vida propia. Muchos sectores distintos de la sociedad han confluido para promover este fenómeno. No se trata de ninguna conspiración, sino de una convergencia de distintas partes que parecen tener, todas ellas, algo que ganar con este arreglo:

- Los psicólogos reciben subsidios para nuevos estudios.
- Los psiquiatras consiguen nuevos clientes y tienen nuevas opciones de tratamiento.
- Los padres obtienen el reconocimiento de que los problemas de sus hijos no se deben a que ellos son malos padres o a que sus hijos están malcriados.
- Los empresarios pueden crear nuevos mercados económicos para libros, materiales, tests y servicios.
- Los políticos consiguen votos por promulgar leyes para "niños discapacitados" (algo que suele rendir buenos frutos en épocas electorales).
- Los medios de comunicación masiva tienen un "ángulo" desde el cual presentar notas sobre un nuevo tema de interés general.

No estoy diciendo que el ADD/ADHD sea *solamente* un movimiento histórico promovido por intereses políticos y económicos, pero creo que cualquier explicación que intente dejar al "fenómeno del ADD/ADHD" fuera del cuadro seguramente será incompleta.

PERSPECTIVA SOCIOCULTURAL

Aunque el análisis histórico precedente sin duda refleja una perspectiva sociocultural, me gustaría profundizar un poco más en las razones sociales o culturales que podría tener una sociedad como la de los Estados Unidos para necesitar un rótulo como el del ADD / ADHD. Cuando los grupos de padres comenzaron a movilizarse con el objetivo de conseguir servicios educacionales para sus hijos en la década de 1960, la sociedad estaba experimentando ciertos cambios que pueden explicar por qué tantos padres se preocuparon por la desobediencia, la falta de motivación y el fracaso escolar de sus hijos.

La década de 1960 marca un punto de inflexión en la vida de los Estados Unidos. Fue un período de agitación social (con el Movimiento de Derechos Civiles y la guerra de Vietnam como hechos sobresalientes) que hizo tambalear a muchas instituciones antes consideradas sacrosantas, como la familia. En los últimos treinta años, la familia estadounidense ha sufrido una significativa fragmentación. Hay el doble de hogares de progenitor único –8 millones– que en 1970. La cantidad de madres que trabajan ha aumentado en un 65 por ciento, desde 10,2 millones en 1970 hasta 16,8 millones en 1990. Como observaron los profesores Lester Grinspoon y Susan B. Singer en el *Harvard Educational Review* en 1973:

> Nuestra sociedad ha estado sufriendo un crítico cambio de valores. Los niños que se criaron en la década pasada han sido testigos de diarios cuestionamientos a las autoridades y las instituciones existentes [...]. Los docentes ya no tienen la autoridad incuestionada que antes ostentaban[...]. El niño, a su vez, ya no se siente tan intimidado por la autoridad que pueda tener el docente (págs. 546-547).

Grinspoon y Singer señalan que "el término hiperquinesia [utilizado para describir los síntomas del ADD en la década de 1960 y a principios de la de 1970], cualquiera que sea la condición orgánica a la que pueda legítimamente referirse, se ha convertido en un rótulo convencional para descartar este fenómeno como una 'enfermedad' física, en lugar de tratarlo como el problema social que realmente es". El trastorno de déficit de atención, por lo tanto, puede ser en gran medida el reflejo de un colapso de los valores sociales. Considerarlo meramente como un "trastorno neurológico" significa ignorar el marco social más amplio dentro del cual se manifiestan sus síntomas (para otras críticas sociales de esta época, véanse Block, 1977; Conrad, 1975; Schrag y Divoky, 1975).

Otro factor social de los últimos treinta años es el auge de los medios de comunicación masiva, sobre todo la televisión. Tras sus comienzos a fines de la década de 1940, la televisión perfeccionó rápidamente sus recursos para "captar la atención" del público a fin de obtener altos "*ratings*" y vender productos. De hecho, los anunciantes y los productores de programas gastaron millones de dólares para aprender técnicas destinadas a modificar la atención de los televidentes: colores brillantes, sonidos fuertes, "*jingles*" pegadizos y, sobre todo, rápidos cambios de imágenes. Con el tiempo, los anunciantes aprendieron que los televidentes se habituaban a determinado ritmo y método de presentación, por lo que se requería algo más nuevo y rápido para retener su atención. En consecuencia, los avisos comerciales y las programaciones se han acelerado cada vez más durante los últimos treinta años.

Comparemos, por ejemplo, la cantidad de desplazamientos de la cámara en un episodio de "Yo amo a Lucy" con la de cualquier serie actual. Estos cambios de imágenes son aun más evidentes en el terreno de los juegos de video, los videos musicales y otros productos mediáticos más recientes. Parecemos estar viviendo en una "cultura del tiempo de atención breve", en que la información se brinda en rápidos pantallazos antes que en episodios más largos y reflexivos. Tomemos como ejemplo los intentos del programa CBS News, durante las elecciones presidenciales de 1992, por brindar "más cobertura" a los discursos políticos (Berke, 1992). Los productores del programa probaron con "tramos sonoros" de 30 segundos, pero comprobaron que eran demasiado prolongados para el tiempo de atención medio de los adultos, de manera que volvieron al estándar de siete segundos. Si esto se da en el promedio de los adultos, ¿qué podrá ocurrir con el jovencito que se ha criado con MTV, juegos de computadora e Internet? En este sentido, por lo tanto, la aparición de síntomas asociados con el ADD / ADHD en cifras epidémicas podría representar, más que un trastorno biológico, un resultado natural del hecho de que los cerebros de nuestros hijos están siendo reprogramados por los medios de comunicación con sus tiempos de atención breves.

Dentro de esta perspectiva sociocultural más amplia, también podría argumentarse que la sociedad necesitó construir un concepto como el del "trastorno de déficit de atención" a efectos de *preservar* algunos de esos valores tradicionales que parecen estar desmoronándose. El teórico social Ivan Illich (1976) escribió una vez: "Cada civilización define sus propias enfermedades. Lo que en una civilización constituye una enfermedad podría ser anormalidad cromosómica, delito, santidad o pecado en otra" (pág. 112). Estas definiciones se tornan aun más urgentes cuando atañen a los niños.

Como expresó Nicholas Hobbs (1975), ex presidente de la Asociación Psicológica Americana: "Hay razones para fundamentar que la protección de la comunidad es un objetivo primordial para clasificar y catalogar a los niños que son diferentes o se apartan de las normas establecidas" (pág. 20). Hobbs señalaba que la ética de trabajo protestante, por ejemplo, podía representar un conjunto de valores que necesitaba protección en los Estados Unidos. Dice Hobbs: "De acuerdo con esta doctrina [...] los elegidos de Dios son inspirados a alcanzar posiciones de riqueza y poder a través del uso eficiente y racional de su tiempo y energía, a través de su voluntad de controlar los impulsos a distraerse y de postergar las gratificaciones en pos de la productividad, y a través del ahorro y la ambición" (pág. 24). Es de esperar que esta clase de sociedad defina desviaciones en función de factores opuestos a estos valores, por ejemplo, la desatención, la impulsividad, la falta de motivación y otros rasgos que aparecen en la bibliografía médica como síntomas del ADD / ADHD.

Permanecer ciegos ante la influencia de estos contextos más amplios en la catalogación de los niños como pacientes con ADD / ADHD significa exponerse a un desastre potencial o las burlas de las generaciones futuras. Un ejemplo de este tipo de ceguera lo encontramos en la medicina de Estados Unidos antes de la Guerra Civil. En la década de 1850, un médico de Louisiana, Samuel Cartwright, postuló en el *New Orleans Medical and Surgical Journal* la existencia de un nuevo trastorno clínico llamado *drapetomanía* (Cartwright, 1851). Este término significa "manía de fugarse".

Cartwright pensaba que la *drapetomanía* afectaba a grandes cantidades de esclavos fugitivos y que, con el diagnóstico y el tratamiento adecuados, esos esclavos podrían aprender a volver a llevar vidas productivas en las plantaciones.

En épocas tan recientes como la década de 1930, los psiquiatras clasificaban a los individuos con puntuaciones bajas en los tests de inteligencia como "retardados", "imbéciles" e "idiotas" (Gould, 1981). ¿Qué dirán las generaciones futuras sobre nuestra propensión a catalogar a millones de escolares estadounidenses como "trastornados con déficit de atención/hiperactividad"?

El peso cultural implícito en el término trastorno de *atención/ hiperactividad* también puede advertirse en los estudios transculturales sobre el ADD / ADHD. En uno de ellos, se pidió a psiquiatras de cuatro culturas diferentes que vieran una videograbación de un niño y determinaran si era hiperactivo. Los médicos chinos e indonesios hicieron registros significativamente mayores de conducta hiperactiva/dispersora que sus colegas japoneses y estadounidenses (Mann, E. M. y otros, 1992). En otro estudio realizado en Gran Bretaña, sólo el 0,09 de los niños fueron identificados como hiperactivos (Taylor y Sandberg, 1984).

Hay otros estudios que examinan similares discrepancias entre distintas culturas con respecto a la percepción de la conducta asociada con el ADD/ADHD (véanse Furman, 1996; Reid, R. y Maag, 1997). Orlick (1982) compara las actitudes de los padres en América del Norte con las observadas en Papua Nueva Guinea: "Si llevo a mi hija a comer a un restaurante en Estados Unidos, pretendo que se quede sentada y espere (como un adulto) aunque haya todo tipo de objetos, lugares y personas interesantes que explorar... Pero si la llevo a un banquete aldeano en Papua Nueva Guinea, no se le impondrá ninguna de estas restricciones. Los aldeanos no esperan que sus hijos se queden sentados en silencio durante una hora mientras les traen la comida y los adultos conversan" (pág. 128). Por cierto que esto no es una recomendación para que dejemos a los niños corretear y hacer estragos en los restaurantes de Estados Unidos, pero sí es una muestra de que diferentes contextos culturales tienen distintas expectativas respecto de la conducta y la atención, y que los docentes deben ser sensibles a las diferencias que pueden existir entre la "cultura escolar" y las culturas nativas de los niños, sobre todo de los que corren riesgo de ser catalogados como pacientes con ADD/ADHD (Hartocollis, 1998).

PERSPECTIVA COGNITIVA

Aun cuando el paradigma del ADD/ADHD ha surgido, en parte, de un enfoque cognitivo de la "atención", también podemos usar el criterio cognitivo para llegar a otras conclusiones distintas. Dicho de otra manera, podría resultarnos productivo dedicar menos tiempo a explorar los déficit cognitivos como un trastorno clínico, y más tiempo a considerar el lado positivo del modo en que algunos chicos catalogados como con ADD o ADHD prestan atención o emplean sus mentes. De hecho, algunas investigaciones han mostrado que muchos de estos niños son perfectamente capaces de prestar atención: ¡de prestarle atención a lo que no deberían prestársela! A esto suele llamársele "atención incidental" (es decir, en lugar de concentrarse en la voz del docente o en la página del libro de texto, estos chicos observan las paredes, escuchan las voces que vienen del pasillo y sueñan despiertos con lo que les gustaría estar haciendo). Los resultados de las investigaciones indican que los niños catalogados como con ADD o ADHD pueden utilizar la atención incidental en el procesamiento cognitivo y poseen un estilo atencional más difuso o global (Ceci y Tishman, 1984; Fleisher, Soodak y Jelin, 1984).

El descubrimiento de la "atención global" suscita un problema cognitivo más fundamental: el de la relación existente entre los síntomas del ADD/ADHD y las características propias de una persona creativa. Si planteamos que el "niño con este síndrome" tiene una mente que no se queda quieta sino que se centra en cualquier cosa que le interese, y que lo hace de un modo muy global e idiosincrásico, entonces nos acercamos mucho al tipo de mente que parece caracterizar a la persona creativa. Como señala Cramond (1994), si se comparan los síntomas del ADD/ADHD con los rasgos de las personas creativas, se encuentran algunas similitudes muy notorias. Ambos grupos tienden a soñar despiertos, cambian de actividad con frecuencia, tienen problemas para someterse a la autoridad, muestran elevados niveles de actividad, corren riesgos, actúan con espontaneidad y se apartan de las normas establecidas.

¿Podría ser que estemos patologizando la conducta creativa al definirla como ADD/ADHD? Esta es una cuestión que merece tomarse en serio, porque la historia de las sociedades está llena de ejemplos de personas creativas que no fueron reconocidas por sus aportes (véase Neumann, 1971). En los últimos doscientos años, individuos creativos fueron condenados a la hoguera, crucificados, enviados a la cárcel, puestos bajo arresto domiciliario, deportados y, más recientemente, medicados, por mencionar sólo algunos de los métodos con los que la sociedad ha buscado reprimir cualquier influencia que pudiera amenazar con cambiar su estructura.

Algunos podrían señalar que las personas creativas pueden diferenciarse de las que tienen ADD/ADHD por sus frutos, es decir, porque elaboran productos y resuelven problemas de maneras novedosas, mientras que el individuo con ADD/ADHD no puede hacer esto sino que, por el contrario, tiene muchas dificultades para resolver problemas, diseñar productos valiosos o realizar con éxito cualquier otra actividad. Esta posición, sin embargo, se ve debilitada por la falta de investigación por parte de los expertos en este síndrome acerca de si las personas catalogadas como pacientes de ADD/ADHD son, en realidad, creativas o no. Hay indicios de que muchas de ellas lo son (Berlin, 1989; Cramond, 1994; Hartmann, 1997; O'Neill, 1994; Shaw y Brown, 1991; Weiss, 1997; Zentall, 1988).

Curiosamente, Hallowell y Ratey (1994a) reconocieron que muchas personas catalogadas con ADD/ADHD son creativas, e incorporaron este dato al paradigma del ADD/ADHD por la vía de hablar de un "subtipo creativo" del síndrome. Como se mencionó en el capítulo anterior, esta alusión a la existencia de subtipos es un modo eficaz de resolver algunos puntos problemáticos del paradigma del ADD/ADHD; en este caso, se sugiere que no hay ningún dilema en cuanto a confundir rasgos de creatividad con síntomas de ADD/ADHD, ya que una persona puede tener ambos. Con esto se preserva el paradigma. Me gustaría señalar, sin embargo, que con la misma facilidad podríamos dejar abierto el interrogante sobre este tema y cuestionar el paradigma del ADD/ADHD planteando que al menos algunos de los niños con dicho diagnóstico podrían considerarse, más exactamente, como individuos primordialmente creativos.

Desde luego, podrían replicar que es cierto que a algunos niños se les adjudica un diagnóstico erróneo de ADD / ADHD cuando en realidad son altamente creativos, pero de este modo seguirían eludiendo la cuestión esencial de que el paradigma mismo puede haber contribuido a fomentar esta confusión. Sin duda, para responder a esta pregunta, los docentes deberán recurrir a su propia creatividad y elaborar nuevos instrumentos de evaluación que les permitan observar mejor las habilidades creativas en los niños rotulados como pacientes con ADD o con ADHD.

PERSPECTIVA EDUCACIONAL

Uno de los aspectos más inquietantes del auge de la catalogación del ADD / ADHD en nuestras escuelas es que constituye una incursión del paradigma médico o biológico en un terreno que anteriormente era dominio de los educadores. Antes, si un niño tenía problemas para prestar atención, la capacitación docente orientaba al maestro a hacerse preguntas como las siguientes:

- ¿De qué modo aprende mejor este niño?
- ¿Qué tipo de situación de aprendizaje debo crear a fin de que ponga de manifiesto su capacidad natural para aprender?
- ¿Cómo puedo modificar mis clases para captar su atención?

Los esfuerzos del docente se dirigían a comprender la forma de aprendizaje del niño y poder tomar decisiones acerca de cómo estructurar el ámbito educacional mediante estrategias didácticas, métodos de enseñanza, instrumentos y recursos didácticos, cambios en el programa, etcétera.

Ahora, con el predominio del paradigma biológico en el mundo actual, el docente tenderá a hacerse preguntas como: "¿este niño tiene ADD o ADHD?, "¿debo mandarlo a que le hagan un test?", "¿convendrá medicarlo?", y otras semejantes que servirán para apartar al docente de su función esencial de educador. Quienes practican el paradigma biológico no tienen especial interés en determinar cuál es el estilo de aprendizaje preferido por un niño hiperactivo, impulsivo o desatento. Sólo quieren establecer un diagnóstico de ADD/ADHD y luego tratar el trastorno.

Al revisar la bibliografía sobre el ADD/ADHD advertimos que no hay casi ninguna información sobre las maneras como los niños con este diagnóstico pueden aprender mejor, sobre sus estilos preferidos de aprendizaje o de pensamiento, sobre sus inteligencias múltiples más desarrolladas o sobre sus mejores formas de expresión cognitiva. En los pocos casos en que se aborda el tema del estilo de aprendizaje, suele presentárselo en un contexto negativo: "¿Presenta este niño, adicionalmente, el factor comórbido del trastorno de aprendizaje?" (Barkley, 1990, págs. 75-77). La gente sigue haciéndose esta pregunta pese al planteo de algunos expertos de que en muchos casos las *dificultades con el aprendizaje* son las causantes iniciales de los problemas de atención o de conducta del niño (McGee y Share, 1988).

Lo que sí está claro, en cambio, es que el medio de aprendizaje que más problemas suele crearles a los alumnos con ADD/ADHD es el aula común de las escuelas estadounidenses. En muchos otros ámbitos de aprendizaje, estos niños no tienen casi dificultades y hasta hacen grandes progresos. Estos ámbitos pueden ser un estudio de pintura, un taller de carpintería, un salón de baile y un espacio al aire libre, por ejemplo. Como expresó una de las principales autoridades del país en materia de ADD/ADHD, Russell Barkely, al referirse a estos niños: "El aula es su Waterloo" (Moses, 1990a, pág. 34). De lo que habla Barkley es del aula *tradicional* estadounidense: pupitres en fila, el docente dando clase al frente del salón, libros de texto y hojas con renglones, y mucho tiempo dedicado a escuchar, esperar, seguir instrucciones, leer y escribir.

En los ámbitos de aprendizaje en que los alumnos considerados hiperactivos o con ADHD tienen oportunidad de moverse, realizar actividades didácticas manuales, aprender en colaboración con otros, hacer diseños, emprender proyectos u otras formas de aprendizaje innovadoras, es mucho menos probable que tengan problemas de conducta (Eddowes, Aldridge y Culpepper, 1994; Jacobe, O'Leary y Rosenblad, 1978; Zentall, 1980, 1993a).

Zentall (1993a) parte de la hipótesis de que los niños rotulados con el ADHD requieren un mayor nivel de estimulación que los demás, y está haciendo el experimento de introducir en el aula estímulos especiales (música, color, actividad) que parecen reducir los niveles de hiperactividad en grupos de varones en edad escolar. En cierto sentido, Zentall está creando el equivalente de una "Ritalina educacional" a través de suministrar estimulación bajo la forma de un ámbito de aprendizaje interesante.

La teoría de las inteligencias múltiples brinda un excelente modelo para considerar la conducta de un niño con diagnóstico de ADHD (Long y Bowen, 1995). Gardner (1983, 1993) sostiene que nuestro concepto de la inteligencia, basado en los tests del cociente intelectual, es demasiado limitado y debe ser substituido por un modelo que incluya muchas clases de inteligencia. A tal efecto, ha establecido la existencia de ocho inteligencias: lingüística, lógico-matemática, espacial, musical, corporal-cinética, interpersonal, intrapersonal y naturalista. Gardner señala que nuestras escuelas prestan demasiada atención a las inteligencias lingüística y lógico-matemática, y no reconocen ni fomentan debidamente las otras seis inteligencias. Yo he planteado en mis propios ensayos (Armstrong, 1987a, 1987b, 1988, 1994, 1997) que los niños con rótulos escolares como los de LD (dificultades de aprendizaje) y ADD/ADHD pueden tener dificultades para prestar atención en la escuela debido a que no se toman en cuenta las inteligencias que ellos tienen más desarrolladas.

Por ejemplo, un niño que es altamente corporal-cinético –que necesita aprender moviéndose, tocando y construyendo cosas– está en franca desventaja en un aula en la que no hay actividades manuales, dinámicas e interactivas. Los escolares con propensión a la actividad física que deben quedarse sentados durante varias horas al día realizando tareas escasamente motrices como las de leer y escribir tienen mayores probabilidades de sentirse frustrados, de distraerse con frecuencia y de revolverse en sus asientos de una manera que podría ser fácilmente interpretada como un síntoma de ADD/ADHD por un docente inclinado al paradigma.

Análogamente, los niños con una gran inteligencia naturalista podrían sentirse sofocados si no hay nada en el ambiente que estimule su amor por el mundo de la naturaleza; los que tienen inteligencia espacial podrían dispersarse con facilidad si no se emplean dibujos e imágenes para enseñar las materias básicas, y un currículo basado en el aprendizaje individual podría frustrar al niño que requiere un contexto social para aprender mejor.

También otras teorías sobre la manera de aprender de los niños sugieren que los síntomas del ADD/ADHD pueden ser consecuencia de una disyunción entre la manera en que un niño aprende mejor y el ámbito en el que se encuentra (Dunn, R., comunicación personal, 1994; Yelich y Salamone, 1994).

Afortunadamente, hay equipos de estudios escolares y otros organismos institucionales que están empleando estos tipos de modelos educacionales para crear soluciones que ayuden a los niños con problemas de atención o de aprendizaje a mantenerse fuera del sistema de educación especial. Si más maestros empezaran por plantearse preguntas educacionales ("¿cómo puedo ayudar a este alumno a aprender mejor?") en lugar de volcarse de inmediato a las preguntas de carácter biológico ("¿este alumno tiene ADD/ADHD?"), la docencia se beneficiaría con la introducción de una mayor variedad de métodos de enseñanza, y el niño se beneficiaría al poder alcanzar un buen rendimiento en el ámbito de un aula normal.

PERSPECTIVA EVOLUTIVA

Como expuse en el primer capítulo de este libro, un principio clave del paradigma del ADD/ADHD –el de que algunos niños con ADD/ADHD continuarán teniéndolo de adultos– podría fácilmente implicar lo opuesto: que en algunos casos, el ADD/ADHD entrará "en remisión", se volverá mínimo o hasta desaparecerá al madurar el niño. Un estudio reciente indica que el índice de ADD/ADHD en cualquier grupo de edad dado parece declinar en aproximadamente un 50 % cada cinco años. Por consiguiente, suponiendo que el porcentaje de ADHD en la infancia es del 4 %, el índice estimado para el ADHD entre los adultos será del 0,8 % a los veinte años y del 0,05 % a los cuarenta (Hill y Schoener, 1996). Esta perspectiva más optimista nos dice que para muchos niños, un paradigma evolutivo podría ser un mejor medio de dar cuenta de su conducta que el paradigma biológico.

Antes de que el paradigma del ADD/ADHD adquiriera tanta popularidad en la escena cultural, el médico que atendía a un niño revoltoso podría haberle dicho a los padres: "No se preocupen; ya se le va a pasar cuando crezca". Es evidente que esa indicación, en ausencia de cualquier otra medida complementaria, puede servir fácilmente para descuidar o pasar por alto ciertos problemas graves que podría haber bajo la superficie. Pero para algunos chicos, este tipo de indicación daba buen resultado. A medida que iban teniendo más experiencias en su vida, que recibían retroalimentación de otras personas y adquirían más destrezas sociales y mayor autocontrol, muchos niños efectivamente se estabilizaban, tan vez no por completo, pero lo bastante como para poder funcionar bien en el mundo adulto.

Recuerdo a un alumno que tuve en un programa de educación especial del nivel escolar primario, quien reapareció años más tarde en uno de mis cursos universitarios regulares sobre el desarrollo infantil. Pude observar que la conducta hiperactiva de su niñez seguía presente en él, pero había cambiado: se había vuelto "clandestina" y sólo se evidenciaba en pequeños movimientos motores escasamente observables. Esto es, de hecho, lo que nos ocurre a la mayoría de nosotros.

De niños, todos manifestábamos las señales de advertencia clásicas del ADD / ADHD: hiperactividad, falta de atención e impulsividad. Con el tiempo, aprendimos a reprimir algunas de estas conductas; pero en muchos otros casos, simplemente aprendimos a *minimizarlas* o *internalizarlas* al punto de que ya no fueran problemáticas en situaciones sociales. La inquietud de las piernas y los brazos en la infancia se convirtió en el tamborileo de los dedos de la mano sobre la mesa o en el temblequeo de una pierna bajo el escritorio de la oficina en la edad adulta. Además, aprendimos a usar el pensamiento y sus acompañantes (palabras, imágenes, etcétera) para ayudarnos a hacer en la madurez lo que nuestra actividad motriz hacía en la infancia. Así es que, en lugar de golpear con furia a una persona grosera, como habríamos hecho de niños, nos limitamos a decirnos: "ese tipo es un imbécil" cuando somos adultos. ¡Eso es la madurez!

La capacidad de poner en práctica estas diversas destrezas encuentra su fundamento biológico en el proceso de mielinización (o "revestimiento") de las conexiones neuronales que se produce cuando crecemos (Diamond y Hopson, 1998). Aunque las personas cumplen determinadas etapas a ciertas edades, el proceso de desarrollo (sensorio-motor, cognitivo, social y biológico) es de carácter individual: diferentes personas maduran a diferentes ritmos. Uno de los mayores problemas del paradigma del ADD / ADHD es que parece ser relativamente insensible a esas variaciones en el desarrollo.

A veces me pregunto qué habría dicho Jean Piaget acerca del ADD / ADHD si hubiera estado presente en su época. Supongo que si se le hubiera preguntado al respecto, lo habría llamado un "problema estadounidense", como hizo cuando los docentes de los Estados Unidos le preguntaron cómo se podía lograr que los niños avanzaran más rápidamente por las etapas del desarrollo que él había establecido (Duckworth, 1979). Se me ocurre que Piaget habría considerado los síntomas del ADD / ADHD como una reacción normal de parte del niño ante ciertas influencias ambientales que no están en sincronía con su nivel de desarrollo.

Esto plantea la posibilidad de que otro factor determinante de la aparición del ADD / ADHD en los últimos veinte años sea la aplicación de prácticas *evolutivamente inapropiadas*. Como han señalado David Elkind (1981, 1984, 1988) y otros, parecemos estar empujando a todos nuestros niños a que crezcan con demasiada rapidez, haciéndolos avanzar a través de las etapas del desarrollo antes de que estén listos para superarlas. Las tareas que antes se esperaba que realizaran los escolares de primer grado se están proponiendo ahora en el nivel preescolar. Las destrezas antes correspondientes al nivel preescolar han retrocedido al jardín de infantes (Moses-Zirkes, 1992). Algunas maestras de jardín de infantes me han dicho: "A mí me gustaría dejar que los chicos pasaran más tiempo jugando libremente, haciendo títeres, pintando y disfrazándose, pero siento que tengo que utilizar los recursos y estas planillas para prepararlos para el nivel preescolar, que es realmente bravo".

Esta tendencia cultural a acelerar el desarrollo (el "problema estadounidense" del que hablaba Piaget) podría llevar a que los padres y los docentes tengan expectativas poco realistas respecto de algunos niños. Louise Bates Ames (1985) hizo un informe sobre *un niño de 56 semanas de edad* a quien atendieron en su clínica después de que un evaluador previo le pronosticara futuros "trastornos de aprendizaje con problemas emocionales" debido a que el niño arrojaba objetos al aire y no parecía concentrarse. Si tan sólo dejáramos a los niños ser niños, tal vez tendríamos menos necesidad de considerar la conducta de algunos chicos como indicativa del ADD / ADHD. Si tuviéramos expectativas más laxas respecto de su desarrollo, habría menos presión sobre los niños que se sienten empujados por sus padres o docentes, lo que podría dar por resultado una disminución de la conducta de hiperactividad, desatención e impulsividad.

Una última reflexión que quiero hacer sobre el tema del desarrollo se refiere al hecho de que, en muchos casos, la así llamada inmadurez de desarrollo que se observa en muchos niños calificados con ADD / ADHD puede, de hecho, ser un elemento *positivo*. En el campo de los estudios de la evolución, hay un concepto denominado *neotenia* (término latino que significa "persistencia de la juventud"), el que indica que a medida que evoluciona la especie, hay una creciente tendencia a que persistan rasgos juveniles en la edad adulta (véase Gould, 1975). Por ejemplo, la frente y el mentón de un chimpancé joven tienen aspecto humano. Pero a medida que el simio va creciendo, esos rasgos se pierden: la frente se vuelve prominente y el mentón se achica. En estos casos, la neotenia *no* se cumple: esos dos rasgos juveniles no persisten en la madurez. Pero en el ser humano, vemos que la frente y el mentón del niño pequeño se "trasladan" a la edad adulta sin mayores alteraciones estructurales. Cuanto más evoluciona la especie, más ejemplos se encuentran de la presencia de la neotenia. Montagu (1983) ha sostenido que existen características *psicológicas* juveniles (como la creatividad, la espontaneidad y la curiosidad) que necesitan "persistir" en la edad adulta para ayudar a evolucionar a nuestra especie.

Parece ser que muchos de los chicos con diagnóstico de ADD / ADHD tienen estos rasgos infantiles. Algunos de ellos siguen siendo niñitos pequeños en algunos aspectos, en tanto se dejan llevar por cualquier cosa que capte su interés, expresan percepciones insólitas y demuestran espontaneidad en sus acciones. Deberíamos tener el cuidado de no asignarle una connotación negativa (como la implícita en el término "inmadurez de desarrollo") a este tipo de conducta. Adecuadamente atendidas y encauzadas, estas conductas pueden sentar la base de nuestra posterior creatividad madura. Uno piensa en alguien como Winston Churchill, que fue un niño terrible

–con un grave problema de conducta–, y se las arregló para tomar esa frenética energía infantil y transformarla, con el tiempo, en una intensidad bien encauzada que le permitió ganar el Premio Nobel de literatura y contribuir a salvar al mundo de la tiranía.

PERSPECTIVA DE LAS DIFERENCIAS POR GÉNERO

Una de las constataciones más reiteradas en el campo del ADD/ADHD es que su diagnóstico es más frecuente entre los varones que entre las niñas. La relación en cuanto al diagnóstico del ADD/ADHD está entre 4:1 y 9:1 (para varones y niñas, respectivamente) (Asociación Psiquiátrica Americana, 1994). ¿A qué obedece esto? Creo que los estudios de las *diferencias normales entre los géneros* pueden contribuir a explicar estas disparidades.

En estudios que efectuó con niños "normales" mientras jugaban, McGuiness observó que los varones pasaban menos tiempo en cualquier actividad dada (8 minutos los varones y 12 minutos las niñas) y que cambiaban de actividad con una frecuencia tres veces mayor que las niñas. Esta especie de propensión masculina al cambio continuo resultará evidente para cualquier familia que tenga un aparato de control remoto para cambiar de canal en su televisor. Además, McGuiness revisó otras investigaciones sobre las diferencias por género y encontró que, globalmente, los varones tienden a centrarse más en los juegos manuales (con figuras movibles, vehículos en miniatura, bloques para armar), mientras que las niñas tienen mayor tendencia a entablar interacciones sociales. Por último, McGuiness observó que las niñas tienen mayor agudeza y capacidad para diferenciar sonidos verbales sutiles, y los varones captan más los sonidos no verbales (como el de un carro de bomberos que pasa por la calle, o el ruido de pasos en el corredor).

Cada una de estas diferencias normales entre los géneros tiende a favorecer a las niñas en el entorno del aula tradicional, donde una maestra (la mayoría de los docentes de la escuela primaria son mujeres) preside un ámbito en el que se alienta la persistencia en las tareas escolares, la colaboración y la atención a los sonidos verbales de la voz del docente. En contraste con esto, las características de género normales en los varones –querer cambiar de actividad con más frecuencia, tratar de usar las manos, centrarse en estímulos no verbales–tienden a verse como hiperactividad, impulsividad y falta de atención, es decir, los tres "síntomas" clave del ADHD. David Elkind sostiene que se está atribuyendo el ADHD a muchos varones que, hace treinta años, habrían sido considerados como meros exponentes de una conducta "varonil" (Elkind, comunicación personal, 1996). La revista *Forbes* sugirió que si la sociedad de Estados Unidos tuviera un "movimiento de liberación masculina" más fuerte, esta falsa rotulación de la conducta masculina normal jamás sería tolerada (Machan, 1996; véase también Robinson, 1998).

PERSPECTIVA PSICOAFECTIVA

El último paradigma alternativo se refiere a las dimensiones psicoafectivas de la vida del niño, e incluye la influencia del trauma psicológico, la dinámica familiar y factores de personalidad como causantes de las conductas de hiperactividad, desatención e impulsividad. Las emociones fuertes –ira, frustración, tristeza, temor– pueden provocar estas y otras conductas semejantes en un niño. Hay un conjunto de investigaciones que indican que hasta un 25 por ciento de los niños clasificados como con ADD/ADHD sufren de ansiedad aguda, y que hasta un 75 por ciento puede tener alguna forma de depresión (Biederman y otros, 1991).

Como se vio anteriormente, estos problemas suelen describirse en el mundo del ADD/ADHD como "factores comórbidos" que acompañan al ADD/ADHD (por ejemplo, un niño puede tener ADD/ADHD y también un trastorno de ansiedad y/o un trastorno del estado de ánimo, etcétera). Pero esto nos lleva al interrogante de si los síntomas de ADD/ADHD *podrían en realidad deberse* a estos problemas emocionales más profundos. En un paradigma psicodinámico, un niño que ha sufrido un trauma emocional (por ejemplo, el divorcio de sus padres, una enfermedad, violencia o abuso sexual o físico) podría reprimir el dolor emocional y expresarlo a través de la hiperactividad, la impulsividad, la desatención, la agresividad y otras formas similares de conducta. Hay una serie creciente de investigaciones que indican que esos traumas podrían incluso dañar el funcionamiento neurobiológico (Arnsten, 1999; Perry y Pollard, 1998).

El peligro de la reciente popularidad del paradigma del ADD/ ADHD es que los padres, docentes y médicos podrían inclinarse hacia el más superficial pero popular diagnóstico de ADD/ADHD y medicarlo rápidamente con la Ritalina de acción breve (el equivalente farmacológico de un "apósito protector" conductal), en lugar de investigar la posible existencia de un trastorno emocional más grave, que podría ser mucho más difícil y costoso de tratar (un problema que requiera un tratamiento sostenido) y mucho menos "digerible" socialmente (pocos padres quieren que sus hijos reciban un diagnóstico de "trastorno emocional", en tanto que el rótulo de ADD/ADHD es mucho más aceptable). La Ritalina puede tener el efecto de reducir y hasta eliminar el problema de conducta superficial, mientras el trastorno emocional continúa al acecho bajo la superficie de la psiquis del niño.

Uno de los mayores problemas del paradigma del ADD/ADHD es que refleja una comprensión bastante limitada de la psiquis humana. En la bibliografía sobre el ADD/ADHD no hay casi ninguna referencia a los aportes fundamentales de pensadores como Sigmund Freud, Carl Jung, Alfred Adler y Erik Erikson en cuanto a la comprensión de la conducta infantil. Lo que se encuentra, en cambio, son algunas afirmaciones que parecen desestimar los enfoques psicoterapéuticos de la hiperactividad. Por ejemplo, Ingersoll (1988) comenta:

> Dado que [...] los datos actuales indican que las dificultades del niño hiperactivo son causadas por disfunciones físicas en el cerebro, no tiene mucho sentido recurrir a métodos psicológicos para aliviarlas. Y, de hecho, no hay indicios convincentes de que la psicoterapia sirva para remediar la desatención, el escaso control de los impulsos o la hiperactividad motriz del niño hiperactivo (pág. 92).

Pero Ross y Ross (1982) sostienen: "la psicoterapia fue categóricamente rechazada como parte del tratamiento de la hiperactividad, siendo el principal motivo de esta drástica postura un único estudio metodológicamente inadecuado" (pág. 7). Consecuentemente, quedaron al margen de esa investigación la influencia del inconsciente humano sobre conductas como la hiperactividad y la desatención; la intervención del yo en las fuertes emociones envueltas en la impulsividad, y otros importantes problemas psicodinámicos. Con todo, hay buenos ejemplos en la bibliografía clínica de investigaciones sobre aspectos psicodinámicos en niños cuya turbulenta conducta manifiesta indica la presencia de un conflicto interior intenso (véanse, por ejemplo, Dreikurs y Soltz, 1964; Erikson, 1977, págs. 33-34; Jung, 1981; Nylund y Corsiglia, 1997; Tyson, 1991).

Otro enfoque psicodinámico que es objeto de escasa atención por parte de los investigadores tradicionales del ADD / ADHD es el de los sistemas familiares. En la teoría de los sistemas familiares, cada miembro de la familia es considerado como una parte de un todo interconectado, y cada uno influye en todos los demás miembros y es influido por ellos. Los problemas que manifiesta un miembro individual de la familia no se ven como "interiores" a dicho individuo sino como un emergente de las dificultades existentes en todo el sistema familiar (Goldenberg y Goldenberg, 1980; Napier y Whitaker, 1988; Satir, 1983). En este contexto, un niño que es inquieto y desatento podría estar expresando problemas que hay entre los padres, conflictos con un hermano o incluso conflictos que se remontan a más de dos generaciones anteriores (McGoldrick y Gerson, 1986). Algunos terapeutas de la corriente de los sistemas familiares consideran que plantear que un niño determinado es el que tiene el problema es una manera de encontrar un "chivo expiatorio" (Christensen, Phillips, Glasgow y Johnson, 1983). Atribuir el problema a un solo miembro de la familia les facilita a los demás no tener que enfrentar sus propios conflictos.

Las investigaciones realizadas indican que los niños con diagnóstico de ADD / ADHD tienden a provenir de familias donde existen desavenencias conyugales, ansiedad y depresión parental y otros problemas familiares (Carlson, Jacobvitz y Stroufe, 1995; Diller y Tanner, 1996). De modo que no es aventurado suponer que algunos chicos puedan cargar con el peso de esta dinámica familiar perturbada. Como era de esperar, la mayoría de los teóricos del ADD / ADHD niega enfáticamente este tipo de influencia y menciona, en cambio, la intervención de factores genéticos y también la influencia perturbadora que tiene el niño con diagnóstico de ADD / ADHD sobre la familia, lo cual en el contexto de la teoría de los sistemas familiares constituye un modo muy claro de crear un chivo emisario (véase Biederman y otros, 1995).

Una última interpretación psicólogica de la conducta del niño con diagnóstico de ADD/ADHD proviene de los estudios del temperamento. Los psicólogos han observado desde hace varias décadas que los niños tienen estilos de personalidad o temperamentos congénitos que influyen en ellos durante toda su vida. Una teoría elaborada por Stella Chess y Alexander Thomas en la Universidad de Nueva York propone que los niños nacen con uno de tres temperamentos posibles: dócil, de adaptación lenta y difícil (Chess y Thomas, 1996).

El psiquiatra neoyorkino Stanley Turecki (1989, 1995) ha dedicado bastante tiempo a investigar las características del niño difícil y sostiene que los niños difíciles presentan una combinación de algunos de los nueve rasgos siguientes: elevado nivel de actividad, falta de atención, elevada intensidad, irregularidad, persistencia negativa, bajo umbral sensorial, retraimiento inicial, escasa adaptabilidad y estado de ánimo negativo (véase también Greenspan, 1996). Muchos de estos tipos de conducta coinciden con los de los niños a quienes se ha atribuido el rótulo del ADD/ADHD. Lo interesante es que Turecki considera al "niño difícil" como un niño *normal* (y piensa que hasta el 20 % de todos los niños tienen este temperamento). Dice Turecki:

> Estoy convencido de que no hay que estar dentro del promedio para ser normal. Tampoco se es anormal simplemente por ser difícil [...]. Los seres humanos somos todos diferentes, y una gran variedad de características y conductas entra dentro de la gama de la normalidad (Turecki, 1989, pág. 18).

Los investigadores del temperamento plantean que el mayor problema para los niños difíciles se da cuando tienen padres a quienes les cuesta adaptarse al temperamento de su hijo, y esto da por resultado lo que se denomina una falta de "buen ajuste". En este sentido, los síntomas del ADD/ADHD podrían considerarse (como en la teoría de los sistemas familiares), no como propios del niño *per se* sino de la "falta de afinidad química" entre padre e hijo. Según observa Cameron (1978): "los problemas conductales se asemejaban metafóricamente a los orígenes de los terremotos, siendo el temperamento de los niños análogo a las fallas en la corteza terrestre, y los factores ambientales, sobre todo los estilos parentales, análogos a la vibración" (pag. 146).

Las observaciones de Turecki que vimos antes también ponen de relieve una cuestión más amplia y más significativa respecto de la variación humana. Turecki sostiene que la conducta humana normal se da a lo largo de un amplio espectro de niveles de energía, estados de ánimo y grados de sociabilidad. Los docentes deben tener el cuidado de no definir este espectro conductal en forma demasiado estrecha. Un enfoque holístico del problema del ADD/ADHD incluirá un saludable respeto por la diversidad humana y una resistencia a atribuir patologías a seres humanos que simplemente marchan a un ritmo diferente.

HACIA UN PARADIGMA HOLÍSTICO

Al considerar todos los paradigmas que aquí hemos comentado, el lector encontrará muchas maneras diferentes de encarar el tema del ADD/ADHD y una diversidad de perspectivas que pueden adoptar los docentes ante los niños clasificados con ese rótulo. No basta con limitarse a observar al niño a través del lente de un paradigma biológico. Debemos verlo en su totalidad, en el marco de su psicología, personalidad, género, nivel de desarrollo, estilos de aprendizaje, antecedentes educacionales, origen cultural y medio social, si queremos comprender la naturaleza de su conducta y determinar qué instrumentos, enfoques y métodos pueden ser los más eficaces para ayudarlo.

Desde ya que muchos de los que proponen el paradigma del ADD/ADHD alegarán que ellos sí ven al "niño con ADD/ADHD" a través de un lente interdisciplinario. Según argumentan, el medio más eficaz para ayudar a ese niño, tanto en la etapa del diagnóstico como en la del tratamiento, es una labor de equipo que incluya no sólo al médico, sino también al psicólogo, el asistente social, el docente o especialista en aprendizaje, los padres y las autoridades escolares (Nathan, 1992; Whalen y Henker, 1991). En este enfoque de equipo, cada especialista hace un aporte desde su propia área de experiencia para diseñar un plan de tratamiento coordinado que abarque el mundo total del niño, tanto en la escuela como en el hogar.

Este criterio del trabajo en equipo es muy superior al método de "el docente deriva al médico que receta Ritalina", característico de tantos tratamientos *de facto* del ADD/ADHD en todos los Estados Unidos. Sin embargo, incluso esta perspectiva interdisciplinaria es limitada en tanto sitúa a los factores médicos/biológicos en el centro del diagnóstico, lo cual es un resultado inevitable del hecho de que el ADD/ADHD ha sido definido desde un principio como un trastorno biológico (véase la figura 2.1). Al igual que un imán, ese rótulo médico atrae hacia sí a todos los demás aspectos del niño. Los expertos en el ADD/ADHD dirán que son muy sensibles a las cuestiones del desarrollo, el estilo de aprendizaje, la personalidad, el género y el medio sociocultural (véase, por ejemplo, Barkley, 1990). Pero estos expertos son sensibles a esos factores *únicamente en tanto inciden en el diagnóstico clínico*. Veamos algunos ejemplos:

- El factor *evolutivo* puede ser tomado en cuenta en el ámbito del ADD/ADDH, pero sólo en la medida en que una determinada etapa del desarrollo (como la adolescencia) pueda exacerbar los síntomas del ADHD o afectar la observancia de las indicaciones de tomar la medicación (véase Robin, 1990).
- Puede aplicarse el *enfoque de los sistemas familiares*, pero principalmente en tanto le posibilita a los padres aprender nuevos modos de lidiar eficazmente con los problemas asociados al ADD/ADHD del niño, de emplear estrategias eficaces de manejo infantil y de recibir apoyo para aliviar el estrés causado por el ADD/ADHD.
- Tal vez se evalúe el *aprendizaje*, pero sólo para determinar si existen trastornos de aprendizaje comórbidos junto con el ADD o el ADHD (véase Barkley, 1990, págs. 75-77).

En cada uno de estos casos, en vez de considerar la posibilidad de que los aspectos del desarrollo, los sistemas familiares o los estilos de aprendizaje puedan ser responsables de algunos o de todos los problemas de conducta, estos factores funcionan a la manera de satélites que giran en la órbita de un planeta, o centro de gravedad, que es el propio diagnóstico de tipo médico del "ADD/ADHD" (véase la figura 2.1).

La figura 2.1 ilustra la interacción de las perspectivas en la visión tradicional del ADD/ADHD (véase Barkley, 1990, pág. 210). Todos los caminos conducen esencialmente a la base biológica del trastorno. Como se señaló en el capítulo 1, la base clínica del ADD/ADHD es el fundamento en el que los "expertos" basan todos los demás aspectos del trastorno.

Visto desde afuera, un grupo de personas reunidas para evaluar si un niño tiene ADD/ADHD, o para analizar las posibilidades de tratamiento, pueden dar la impresión de estar considerando todos

Figura 2.1
Paradigma tradicional del ADD/ADHD

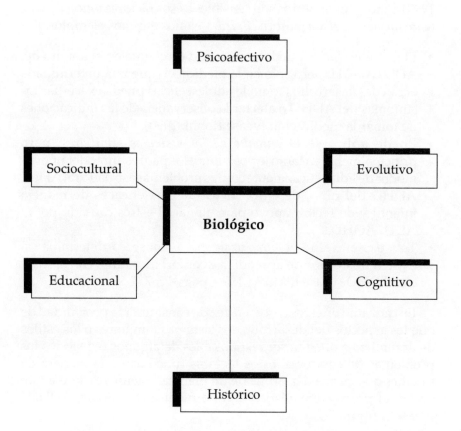

los aspectos del mundo del niño, pero con demasiada frecuencia el paradigma biológico es el determinante.

Quiero proponer un enfoque que en principio parece similar al método interdisciplinario que aquí se ha descrito, pero que es radicalmente distinto en cuanto al modo de encarar cualquier estudio de un niño que manifiesta una conducta descrita como hiperactiva, desatenta o impulsiva. En esencia, propongo que quitemos al paradigma biológico del lugar central y lo reemplacemos con el verdadero foco de este análisis, que es el niño en su totalidad. Cuando hablo de "totalidad", me refiero al niño en toda su profundidad, amplitud, riqueza, complejidad y singularidad. Me refiero al niño que está más allá de todos los rótulos, que no puede ser encasillado en ningún cuadro diagnóstico y que siempre va a representar algo misterioso para nosotros, dado el misterio esencial de la vida misma. Pero también estoy hablando de un niño cuya totalidad podemos empezar a desentrañar, cuyo misterio podemos comenzar a sondear, haciendo uso de esas herramientas de conocimiento especiales representadas por las diversas perspectivas o paradigmas que hemos comentado en este libro.

Cada perspectiva –cognitiva, educacional, del desarrollo y demás– nos proporciona una parte de la verdad con respecto a la totalidad del niño. El problema se da cuando alguien que ha encontrado un aspecto del niño total alega haber descubierto la "verdad" sobre ese niño (por ejemplo, que sufre de ADD/ADHD o que tiene un "trastorno de aprendizaje"). Para guardarnos de estos puntos de vista limitados, tenemos que asegurarnos de considerar al niño en forma atenta y reverente, respetando el milagro de vida y vitalidad que cada niño representa. Entonces, lo que tomaremos como centro de nuestro análisis no será ningún paradigma o punto de vista restringido en particular, sino el extenso horizonte de la totalidad del niño: sus potencialidades tanto como su desempeño actual, sus puntos fuertes tanto como los débiles, su individualidad tanto como su relación con la matriz social que lo rodea, sus cualidades internas tanto como su conducta exterior y sus aspectos conocidos, tanto como los desconocidos y los que son *imposibles de conocer* (véase la figura 2.2).

Figura 2.2
Un diagrama holístico

Obsérvese que el paradigma biológico no desaparece de este diagrama holístico. Pero deja de ocupar el lugar central para asumir el rol de otro aspecto más del mundo total del niño. Por supuesto, para cada niño en particular que está en el centro de este diagrama, la importancia de los diferentes paradigmas puede variar mucho. Para un niño que ha sufrido anoxia con daño cerebral en el nacimiento, envenenamiento con plomo en la primera infancia, una enfermedad cerebral grave (como encefalitis) en la niñez u otras afecciones neurológicas claramente identificables, el paradigma biológico puede adquirir primordial importancia en el cuadro global de la conducta y la pauta atencional de ese niño. Pero para otro niño, el lugar central puede estar ocupado por el paradigma cognitivo (en el caso de un niño altamente creativo), o el educacional (en el caso de un escolar con fuerte tendencia corporal-cinética / espacial) o el del desarrollo (en el caso de un niño de maduración lenta). En última instancia, como es lógico, cada paradigma cumplirá su papel en cuanto a suministrar información útil acerca de quién es el niño y qué puede ayudarlo a salir adelante en la escuela y en el hogar. Cada paradigma crea la posibilidad de formular nuevas preguntas sobre el niño, las que podrán conducirnos al panorama más amplio posible de sus potencialidades.

En la figura 2.3 se incluyen algunas preguntas que podrían surgir de una perspectiva holística de los problemas de atención y conducta, la mayoría de las cuales no se plantean en el paradigma del ADD/ADHD. También se indica quién podría estar en las mejores condiciones de formular esas preguntas, qué tipos de evaluación pueden usarse para recoger información y qué tipos de intervenciones resultarían apropiadas.

Obsérvese que he enmarcado las preguntas de esta figura de una manera positiva, para que podamos construir un cuadro de lo que el niño *es* y lo que *tiene*, y no en sus carencias. Como dijimos antes, uno de los aspectos más desafortunados del paradigma del ADD/ADHD es que representa un paradigma de *déficit* cuyo objetivo es descubrir si el niño es un paciente con *trastorno de déficit de atención* o si *no lo es*. En el paradigma del ADD/ADHD, los puntos negativos son los principales.

- Cuando los docentes y otros profesionales examinan cuestiones educacionales, los que asumen la perspectiva del ADD/ADHD las consideran principalmente en función de lo que está marchando mal (por ejemplo, malas calificaciones, puntuaciones bajas en los tests, posibilidades de que haya trastornos del aprendizaje).
- En el terreno cognitivo, estas mismas personas parecen no tener verdadero interés en explorar la naturaleza de la mente del niño *en sí misma*, sino sólo en función de la posible existencia de déficit de atención y de memoria.

Figura 2.3. Preguntas y respuestas desde diversas perspectivas

Paradigma o perspectiva	Pregunta clave	Expertos principales	Ejemplos de evaluaciones posibles	Ejemplos de intervenciones posibles
Sociocultural	¿En qué medida los problemas de atención y conducta del niño son resultantes de diferencias culturales?	Asistente social; psicólogo; docente culturalmente sensible.	Visitas domiciliarias; observaciones en el aula.	Aplicación de un currículo culturalmente sensible; valoración de la diversidad cultural.
Psicoafectivo	¿En qué medida los problemas de atención y conducta del niño son resultantes de trauma emocional, ansiedad / depresión o diferencias temperamentales?	Psicólogo clínico; psiquiatra; consejero especializado.	Evaluaciones de depresión y ansiedad; evaluaciones del temperamento.	Psicoterapia; terapia familiar; medio escolar que brinde apoyo escolar.
Evolutivo	¿En qué medida los problemas de atención y conducta del niño son resultantes de un ritmo de desarrollo diferente?	Pediatra; especialista en desarrollo infantil.	Índices del desarrollo infantil; observaciones en ambientes naturales.	Aplicación de un currículo apropiado al desarrollo; reajuste de las expectativas respecto de la conducta.
Cognitivo	¿En qué medida los problemas de atención y conducta del niño son resultantes de una conducta creativa u otras diferencias cognitivas positivas?	Especialista en niños superdotados y talentosos; psicólogo cognitivo.	Instrumentos relativos a la creatividad; evaluaciones del estilo cognitivo.	Empleo de artes expresivas, currículo creativo, currículo para superdotados y talentosos, otros enfoques creativos.
Biológico	¿En qué medida los problemas de atención y conducta del niño son resultantes de problemas biológicos o diferencias neurobiológicas?	Médico clínico; médico especialista (neurólogo, psicólogo).	Revisación médica; exámenes clínicos especializados.	Medicación (por ejemplo, Ritalina); tratamiento de problemas físicos subyacentes.
Educacional	¿En qué medida los problemas de atención y conducta del niño son resultantes de diferencias de aprendizaje?	Especialista en aprendizaje; maestro de clase.	Inventarios de estilos de aprendizaje; evaluaciones de las inteligencias múltiples, evaluaciones auténticas, carpetas de los trabajos escolares del niño.	Estrategias de enseñanza adecuadas al estilo individual de aprendizaje y a las inteligencias múltiples del niño.

• En el terreno del desarrollo, esta gente se centra en buscar indicios de "inmadurez", sin considerar que el niño pueda tener un ritmo de desarrollo diferente o expresar rasgos de neotenia (véase la pág. 54).

La bibliografía sobre el empleo de rótulos como los de ADHD y LD indica que éstos pueden estigmatizar negativamente a un niño (Harris, Milich, Corbitt, Hoover y Brady, 1992; Rosenthal, 1978; Rosenthal y Jacobson, 1968; Sutherland y Algozzine, 1979). Estos rótulos son especialmente nocivos cuando se aplican a niños que, como sugiere la bibliografía, ya sufren de falta de autoestima, sentimientos de indefensión y control externo (Linn y Hodge, 1982; Milish y Okazaki, 1991).

En este enfoque holístico del ADD / ADHD, he tratado de formular preguntas que nos mantengan fuera de las visiones negativas, de modo tal que podamos ver al niño como un ser humano completo, con sus virtudes y sus limitaciones, pero lo que es más importante, que podamos verlo como un ser humano en su totalidad.

Capítulo 3

Estrategias para facultar, no para controlar, a los niños con diagnóstico de ADD/ADHD

Una vez que empezamos a aplicar un criterio holístico para abordar la cuestión del ADD/ADHD, vemos que hay muchas estrategias concebibles para ayudar a los niños que tienen problemas de atención y conducta. Tal como están las cosas, los expertos en ADD/ADHD tienden a mostrar una actitud conservadora hacia la gama de estrategias que podrían ayudar a cada niño. En libros recientes sobre el tema, dirigidos a docentes y padres, han subrayado la necesidad de estar en guardia contra los "tratamientos no probados para el ADD/ADHD" (por ejemplo, Ingersoll y Godstein, 1993). Este consejo está, en parte, bien fundado, ya que hay compañías comerciales que proclaman que sus productos (una hierba medicinal, una poción, una serie de luces y sonidos, un conjunto de implementos o alguna otra mercadería destinada a hacer rico al fabricante) sirven para "curar", o al menos mejorar notablemente, la conducta de las personas con ADD/ADHD.

El problema es que los autores de la mayoría de los libros sobre el ADD/ADHD aprueban sólo unos pocos "tratamientos" (por lo común, la medicación, la terapia cognitiva-conductal, la capacitación de los padres y algunas prácticas educacionales) y consideran "no científica" cualquier otra alternativa. Ingersoll y Goldstein (1993), por ejemplo, insisten en que toda técnica o sustancia nueva debe pasar la más rigurosa de las pruebas experimentales, el estudio de doble control con placebo, para ser aceptada como un tratamiento válido (éste es el tipo de estudio que se emplea para convalidar la eficacia de la Ritalina, por ejemplo, u otros medicamentos psicoactivos). Este criterio es muy correcto para las medicaciones, pero no necesariamente para otras clases de intervención.

Muchos adelantos importantes en los campos de la medicina, la psicología, la psiquiatría y la educación han partido de metodologías de investigación alternativas. Son ejemplos de esto el psicoanálisis (estudio de casos individuales), los riesgos de fumar (estudios longitudinales) y el aprendizaje cooperativo (uso de grupos de comparación). Como el paradigma del ADD/ADHD se basa en principios biológicos, esta exigencia de aplicar criterios rígidos propios del campo de la medicina es perfectamente comprensible, pero lamentablemente inapropiada. En cuanto salimos del paradigma biológico y adoptamos un enfoque más holístico del tema del ADD/ADHD, podemos considerar una gama mucho más amplia de técnicas, métodos, herramientas y metodologías de investigación.

En este capítulo presentaré un muestreo de ese tipo de ideas prácticas a considerar para ayudar a los niños con problemas de atención y conducta. Estas ideas tienen que ver con estrategias educacionales, cognitivas, físicas, afectivas, biológicas, ecológicas y conductales. Adviértase, por favor, que no estoy proponiendo estas estrategias como "tratamientos para el ADD/ADHD". Al adoptar un enfoque más holístico del problema, lo que me interesa no es tratar un trastorno sino ayudar a un niño.

En el capítulo anterior sostuve que cada niño que manifiesta problemas de conducta y atención posee una constelación particular de factores que define su mundo individual. Por consiguiente, los educadores debemos ofrecer técnicas, estrategias y herramientas que sean lo bastante variadas como para satisfacer las necesidades de muchas clases diferentes de niños, y no sólo para tratar a un hipotético niño con "ADD/ADHD".

ESTRATEGIAS EDUCACIONALES

El campo del ADD/ADHD ha demostrado tener una especial falta de imaginación en lo que se refiere a proponer estrategias educacionales para ayudar a los niños con problemas de atención y conducta. Esto es curioso, dado que los "niños con ADD/ADHD" suelen ser clasificados como tales a través de la conducta que manifiestan en el ámbito escolar. Uno se habría imaginado que los investigadores elaborarían una amplia gama de técnicas creativas para ayudar a estos alumnos a aprender, prestar atención y comportarse mejor en el aula.

En los hechos, las pautas educacionales propuestas en el campo del ADD/ADHD tienden a ser anticuadas y hasta confusas, en algunos casos. Un "instructivo" para docentes preparado con el CHADD, que es la institución que más se ocupa del ADD/ADDH en los Estados Unidos, incluye esta recomendación: "Utilice el nombre de pila del alumno para llamarlo" (CHADD, 1994). No puedo sino preguntarme: ¿qué hacía el maestro antes de leer esto? Otras sugerencias son simplemente insustanciales u obvias: "Establezca reglas a cumplir en clase", "Otorgue más tiempo para completar tareas o exámenes", "Mire a los ojos al alumno antes de interpelarlo o darle instrucciones".

Muchos otros libros y manuales para docentes de este campo dedican mucho espacio al tema de cómo lograr que el "niño con ADD/ADHD" se adapte al ámbito del aula tradicional (que ordene los trabajos escritos, recuerde las tareas del cuaderno de ejercicios y escuche las explicaciones del docente, por ejemplo). Al respecto, se sugiere darle dibujos de caritas sonrientes como premio, elogiarlo, dividir las tareas en ejercicios más breves, hacer que el niño se siente cerca del escritorio del docente y utilizar herramientas destinadas a organizar los materiales, como separadores de páginas y etiquetas recordatorias (Braswell, Bloomquist y Pederson, 1991; Parker, 1992).

Una excelente excepción a esta tendencia es el trabajo de Sydney Zentall en la Universidad Purdue. Esta docente y sus colegas han puesto el acento en crear un ámbito de aprendizaje estimulante. La premisa de la que parten es que muchos niños con diagnóstico de ADD o de ADHD están insuficientemente estimulados, y requieren más estimulación que la persona "del promedio", siendo ésta la razón por la que la Ritalina –un estimulante– puede ser tan eficaz para calmar la conducta y centrar la atención (Zentall, 1975; Zentall y Zentall, 1983). Zentall ha efectuado numerosos estudios relacionados con el uso del color, el sonido y otros estímulos, que indican que el empleo selectivo y apropiado de ciertos tipos de estimulación en el aula es especialmente eficaz para ayudar a los niños así diagnosticados a centrarse mejor en su aprendizaje (Zentall, 1993a y 1993b; Zentall y Kruczek, 1988; Zentall y Zentall, 1976). La labor de Zentall es una de las pocas fuentes de claridad en el campo por lo demás poco inspirador de los investigadores educacionales del ADD/ADHD (por otro enfoque creativo, véase Reif, 1993).

Lo desalentador de la relativa falta de desarrollo de estrategias educacionales innovadoras en el dominio del ADD/ADHD es que el campo global de la educación ha estado envuelto en un verdadero Renacimiento de ideas nuevas en los últimos veinte años. Muchas innovaciones educacionales, como los estilos de aprendizaje, el aprendizaje basado en la actividad cerebral, el aprendizaje cooperativo y la evaluación auténtica, han revolucionado nuestra visión del aprendizaje y la enseñanza. ¿Por qué se ha quedado tan rezagado el campo del ADD/ADHD? El enfoque holístico del ADD/ADHD busca incorporar muchas de estas innovaciones al trabajo con niños clasificados como pacientes con ADD/ADHD, incluyendo la perspectiva de las inteligencias múltiples, el aprendizaje incidental y la tecnología educacional.

Las inteligencias múltiples

La teoría de las inteligencias múltiples (IM) de Howard Gardner (1983, 1993) nos brinda un marco propicio para diseñar experiencias de aprendizaje que se ajusten a las "propensiones" (las áreas de inteligencia en las que se tiene más interés o capacidad) de los niños con rótulo de ADD/ADHD. Las ocho inteligencias señaladas en la teoría IM –lingüística, lógico-matemática, espacial, coporal-cinética, musical, interpersonal, intrapersonal y naturalista– proporcionan una gama pedagógica a la que el docente puede recurrir para crear la actividad o estrategia indicada para un alumno determinado. El niño que se distrae y se porta mal cuando estudia la Guerra Civil por medio de libros y disertaciones del docente podría interesarse en el tema si se lo presentaran a través de imágenes, música o interpretación de roles. La alumna que se olvida de hacer la reseña de un libro o los problemas matemáticos que le asignaron como tarea domiciliaria podría interesarse en un proyecto didáctico que consistiera en entrevistar a uno de sus abuelos para el área de estudios sociales (interpersonal), sacar fotos de animales del vecindario para una unidad de ecología (espacial-naturalista) o componer una canción en un teclado electrónico acerca de algún personaje de un cuento (musical).

En los últimos años, los docentes y los investigadores han elaborado una cantidad de libros, manuales, videos y otros recursos didácticos que ofrecen una abundante colección de ideas, estrategias y actividades para emplear las inteligencias múltiples en prácticamente todas las áreas del currículo (véanse, por ejemplo, Armstrong, 1994; Campbell, Campbell y Dickinson, 1996; Haggerty, 1995; Lazear, 1991). Los maestros pueden adaptar muchos de estos materiales para usarlos en forma individual con un alumno dado.

También existen varios recursos para explorar nuevos modos de evaluar a los alumnos de acuerdo con los principios de la IM (Gardner, 1993; Krechevsky, 1991; Lazear, 1994; Scrip, 1990). Así, en el caso de un niño que no presta atención durante los exámenes, la elaboración de instrumentos de evaluación auténtica basados en las inteligencias múltiples podría suministrar un contexto que permita a los docentes captar la atención de ese alumno. El niño cuya mente se dispersa mientras debe escribir sobre las características de un personaje de un cuento podría animarse si el maestro le pide que haga una pantomima de ese personaje como forma de demostrar su conocimiento al respecto.

El enfoque IM es un medio útil para elaborar técnicas destinadas a captar la atención. Para el alumno que no se incorpora a la fila para ir a almorzar tras escuchar las instrucciones lingüísticas del maestro ("Bueno, chicos, es hora de hacer fila"), la visión de una foto ampliada o una diapositiva de toda la clase formando fila (tomada por el docente en alguna ocasión anterior) podría provocar una respuesta de las áreas espaciales del cerebro que lo hiciera formar fila de inmediato.

Zentall (1993b) informa haber utilizado la música para lograr que una alumna con diagnóstico de ADD se acordara de hacer sus tareas domiciliarias. La maestra grabó en un cassette sus instrucciones, seguida de una selección de las canciones preferidas por la alumna, y luego más instrucciones para las tareas. La niña corría a su casa cada día para escuchar el cassette, y su capacidad de recordar las tareas asignadas se incrementó notablemente. Algunos docentes han elaborado "consignas" corporales-cinéticas para indicar ciertas instrucciones (por ejemplo, frotarse el vientre significa que es hora de ir a almorzar; extender los brazos y moverlos hacia abajo significa "reducir un poco el nivel de energía"; apuntar hacia la sien con un dedo significa: "recuerden llevar las tareas asignadas a casa").

Por último, es muy posible que la forma más eficaz –e interesante– de aplicar la teoría IM consista en enseñársela a los alumnos. A muchos docentes les resulta fácil de enseñar (conviene emplear términos más simples, como *talento para las palabras, talento para los números, talento para las imágenes, talento para la música, talento con el cuerpo, talento con la gente, talento para uno mismo* y *talento para la naturaleza*). Es importante destacar que todos tienen *los ocho* tipos de talento. Al chico que se siente descorazonado al oír que todos hablan de él como de un alumno con "trastorno de déficit", la teoría IM le ofrece un vocabulario nuevo –y positivo– para describir de qué modo él aprende mejor y qué puede necesitar en una determinada situación de aprendizaje para responder positivamente (véanse Armstrong, 1994; Lazear, 1993).

Aprendizaje incidental

El aprendizaje incidental es el modo en el que todos aprendimos durante nuestros primeros años de vida. Es el aprendizaje no dirigido, que tiene lugar en el transcurso de la vida corriente. Es el conocimiento que adquirimos por la simple vía de absorberlo del ambiente que nos rodea en forma incidental. La manera en que aprenden a hablar los niños es un buen ejemplo de este tipo de aprendizaje. Los padres no se sientan a *enseñarles* una palabra por vez a sus hijos pequeños (o, por lo menos, ¡no deberían hacerlo!). En cambio, los niños aprenden escuchando a hablar a otros, imitándolos, recibiendo una retroalimentación espontánea de los padres y otras personas, y practicando los sonidos que oyen. Del mismo modo, muchas otras cosas que hemos aprendido, desde andar en bicicleta hasta llevarnos bien con nuestro jefe, han sido adquiridas a través del aprendizaje incidental.

Lamentablemente, la mayoría de los docentes no valora el aprendizaje incidental. Lo que se considera importante en el aula es que los alumnos dirijan su atención hacia determinados estímulos: la voz del docente, la pregunta número 24 del test, el problema de matemáticas de la página 97 o la tarea indicada en el pizarrón. Estos son justamente los tipos de requisitos que más difíciles les resultan a muchos alumnos con diagnóstico de ADD/ADHD. No pueden o no quieren prestar atención a esos estímulos didácticos a menos que se los induzca a hacerlo mediante un refuerzo de la modificación conductal u otros medios (incluyendo la medicación).

Algunas investigaciones indican, sin embargo, que muchos de estos niños podrían tener, de hecho, una atención incidental superior. En otras palabras, prestan más atención a ciertas cosas a las que se supone que no deben prestársela. Mientras el maestro habla, ellos escuchan lo que Daniel le está diciendo a Pablo en el fondo del aula. Leen inscripciones que hay en las paredes y que el docente ni siquiera advirtió. Oyen pasos en el corredor, o la sirena de un carro de bomberos en la distancia.

El gran error que cometen muchos docentes con respecto a esta atención incidental es ignorarla o tratar de forzarla para que se vuelva una atención centrada en las tareas didácticas. Los docentes que valoran el aprendizaje incidental encuentran maneras de conciliar ambos tipos de atención. Por ejemplo, el maestro está leyendo un cuento sobre un personaje llamado Bernardo, que se perdió en el bosque. De pronto, pasa un carro de bomberos frente a la escuela. En vez de combatirlo ("¡Chicos! ¡Presten atención! ¡Jorge! ¡No te distraigas!), un maestro sensible podría responder: "y ésa es la sirena de los coches de rescate que vienen a ayudar al pobre Bernardo". De inmediato, el estímulo "incidental" se vuelve central, y el niño cuya atención se ha "desviado" se encuentra de pronto otra vez en medio del cuento.

Un sistema entero de educación se ha desarrollado en torno a esta noción del aprendizaje incidental en los últimos 25 años. Originalmente ideada por un psiquiatra búlgaro, Georgi Lozanov, la sugestopedia, "super-aprendizaje" o "aprendizaje acelerativo", como se suele llamar en los Estados Unidos, ha generado un amplio espectro de actividades de aprendizaje en las que se aprovecha la "atención incidental" de los alumnos para lograr objetivos académicos (Lozanov, 1978; Rose, C., 1989; Schuster y Gritton, 1986). Veamos algunos ejemplos:

• Los maestros pueden presentar palabras nuevas a la clase por la vía de colgar carteles con ellas en las paredes la semana antes de presentarlas oficialmente. Al recorrer con la vista el aula esa semana, los alumnos a menudo se fijarán en los carteles y las palabras nuevas (recuérdese que *no se pretende* que les presten atención esa semana). Como resultado, a los niños suele resultarles más fácil aprenderlas durante la semana "oficial" en que son presentadas.

• La maestra recita rítmicamente un texto al tiempo que los alumnos escuchan música de fondo. Se les indica a los chicos que "no escuchen la voz de la maestra sino que se relajen y disfruten de la música". Las investigaciones realizadas indican que este método de aprendizaje es muy útil para adquirir ciertos conocimientos, por ejemplo, una lengua extranjera (Druckman y Swets, 1988).

• También se utilizan dramatizaciones como parte del aprendizaje acelerativo. Un docente puede presentar una lección por medio de un espectáculo de títeres, o bien disfrazarse para ilustrar un punto relativo a alguna materia (esto me recuerda a Jaime Escalante vestido con un delantal y sosteniendo una manzana y una cuchilla para ilustrar el tema de las fracciones a sus alumnos de matemáticas, en la película *Stand and Deliver*).

Éstos son los tipos de actividades que los alumnos recordarán hasta mucho después de haber egresado de la escuela. Los recuerdos permanecen porque las acciones del docente "cautivaron" la atención de los alumnos. En un campo dedicado a ayudar a los niños con problemas de atención, me resulta verdaderamente sorprendente que en la bibliogafía sobre el ADD/ADHD se haya publicado tan poco acerca de las maneras en que los docentes pueden captar vívidamente la atención de sus alumnos.

Al margen del hecho de que el aprendizaje incidental puede usarse para enseñar temas directamente pertinentes a los objetivos del docente, algunas veces la conducta "extraescolar" de los alumnos puede resultar muy educativa. En un estudio al respecto, Dyson (1987) observó que la conducta verbal extraescolar de los niños los ayudaba a desarrollar destrezas intelectuales. En otros estudios se comprobó que los niños con diagnóstico de ADD/ ADHD hablaban en forma espontánea y creativa más que los así llamados "normales" (Zentall, 1988) y a menudo demostraban en su "habla privada" extraescolar la capacidad de organizar pensamientos que de hecho eran muy pertinentes a la tareas escolares (Berk y Landau, 1993). La mayoría de los teóricos especialistas en el desarrollo infantil destacan que el juego libre y no estructurado de los niños –que podría considerarse una "conducta extraescolar autodirigida)– contribuye al bienestar intelectual, social y emocional del niño, e incluso a la adaptación de la humanidad a los cambios ambientales (Mann, D., 1996; Sutton-Smith, 1998).

Durante los cinco años en que fui maestro de niños con problemas de conducta y atención, siempre implementé un período de "tiempo de elección" –unos 20 a 30 minutos– cada día. En este tiempo, los alumnos quedaban en libertad de elegir y emprender actividades extraescolares no estructuradas (como pintar, leer, hacer representaciones, realizar trabajos de carpintería, escribir a máquina y escuchar música). Para muchos alumnos, este período era la mejor parte del día.

Los educadores deberían advertir el valor del aprendizaje "extraescolar" o "incidental" de los alumnos, y utilizarlo para ayudar a los niños a salir adelante en la escuela y en la vida, sobre todo a aquellos chicos con diagnóstico de ADD / ADHD que podrían realizar gran parte de su aprendizaje de esta manera.

Tecnología educacional

Como expuse en el capítulo 2, a muchos niños se les atribuye el ADD/ADHD como resultado de la tendencia al "tiempo de atención breve" de nuestra sociedad, ya que esos chicos han sido moldeados por los rápidos cambios de imagen de la televisión, los juegos de video y los programas de computación. En el capítulo 2 destaqué el aspecto negativo de este fenómeno contemporáneo: que los magnates de los medios de comunicación han moldeado los tiempos de atención de los niños (y los adultos) con la consecuencia de que se requieren niveles cada vez más altos de estimulación. Debo puntualizar, con todo, que pese a los muchos problemas que crea el fenómeno de la aceleración de los medios, ya no hay modo de dar marcha atrás. Nos guste o no, los cambios de imágenes y sonidos permanecerán entre nosotros por mucho tiempo y se volverán aún más rápidos e irritantes para los docentes acostumbrados a enseñarles a los alumnos a procesar la información en *unidades de conocimiento* lineales, paso a paso.

Por consiguiente, dada la probabilidad de que tengamos niveles cada vez mayores de estímulos acelerados en el futuro, deberíamos sacar partido de este fenómeno. Necesitamos explorar el valor potencial de la tecnología de alta velocidad para mejorar el aprendizaje de los niños con diagnóstico de ADD/ADHD. De hecho, es posible que esta tecnología sea especialmente propicia para los chicos con problemas de atención y conducta, dada su propensión a un elevado nivel de estimulación (Zentall, 1993; Zentall y Zentall, 1976).

Uno de los mayores acontecimientos en la tecnología de la computadora en los últimos diez años fue el avance del *"hipertexto"* en los programas de *software* y en el sistema de conexión de Internet. La similitud de términos entre *"hipertexto"* y "niño *hiperactivo"* no puede haber pasado inadvertida para al menos algunos educadores. Parece ser que esta nueva forma no lineal de obtener información –a través de nexos que conectan a otros nexos que conectan aun a otros nexos a través de una red de amplias posibilidades– se asemeja en alguna medida al funcionamiento de la mente de muchos niños con dificultades atencionales o conductales.

La bibliografía sobre el ADD/ADHD contiene frecuentes referencias a esta clase de mente no lineal (Moss, 1990, pág. 59). El problema es que en el paradigma basado en el déficit del ADD/ADHD, este tipo de actividad mental se cataloga como un atributo negativo: como *falta de atención*. Constituye, de hecho, uno de los síntomas primarios del ADD/ADHD. Pero si lo consideramos de un modo más positivo, este mismo atributo puede verse como divergente, asociativo o creativo, y adecuarse perfectamente a los requisitos de "navegar por la red". En efecto, en este medio cibernético, la persona que procesa mejor la información del modo lineal y anticuado que durante siglos han valorado las escuelas podría encontrarse en clara desventaja. La literatura popular está llena de ejemplos de personas que han adquirido prominencia en la industria de la computación en los últimos veinte años a quienes no les iba bien en el ámbito de la escuela tradicional. Estas personas están aportando un ingenio totalmente nuevo al mundo de los negocios y de la cultura en general (véase, por ejemplo, Rose, F., 1987). Aun resta que en el mundo de la educación se investigue en detalle la relación de este nuevo modo de procesar información con las mentes asociativas de los niños clasificados como pacientes con ADD/ADHD.

Las investigaciones realizadas indican que la tecnología de la computación es un medio eficaz para abordar a los niños con diagnóstico de ADD/ADHD (Bender y Bender, 1996; Ford, Poe y Cox, 1993; Millman, 1984). Entre las ventajas que proporciona la computadora a los chicos con problemas de atención y conducta se cuentan las siguientes:

- retroalimentación instantánea, a alta velocidad;
- capacidad de autocontrolar estímulos;
- colores brillantes y sonidos;
- aspectos interactivos.

Desde ya que podemos aburrir a los niños si usamos programas malos, como versiones electrónicas de las planillas, exámenes, libros de texto, disertaciones e instrucciones verbales que ya antes les resultaban aburridos. Pero los encargados de diseñar programas innovadores han encontrado la manera de eludir estas trampas pedagógicas y de estimular elevados niveles de interés, atención y desempeño en todos los niños.

Además de los programas de computadora y de Internet, el empleo didáctico de la televisión, las películas y otras tecnologías educacionales puede ser particularmente útil para los alumnos con tiempos de atención breves. Algunas investigaciones, en efecto, muestran que los niños con diagnóstico de ADD son capaces de mantener niveles normales de atención mientras miran televisión (Landau, Lorch y Milich, 1992). Otros investigadores han subrayado la lógica indicación de que los padres y docentes deben limitar el tiempo que dedican los niños con ADD / ADHD a la televisión, los videojuegos y la computadora, y asegurarse de evitar los programas violentos (Heusmann y Eron, 1986). Pero el uso prudente de la tecnología de alta estimulación puede ser un recurso educacional importante para ayudar a estos alumnos a adquirir información de un modo que esté en armonía con sus hiper-mentes.

ESTRATEGIAS COGNITIVAS

Como señalé en el capítulo 1, el término "síndrome de déficit de atención" es un constructo *cognitivo*. Por lo tanto, el objetivo primordial de los investigadores del campo del ADD/ADHD debería ser el de entender mejor cómo piensan los niños a quienes se atribuye esa condición. Pero debido a que el constructo se ha desarrollado en el contexto de un paradigma basado en el déficit o la enfermedad, lo que más se investiga es cómo los niños con diagnóstico de ADD / ADHD de hecho *no pueden* pensar igualmente bien que los chicos "normales" (Hamlett, Pellegrini y Conners, 1987; Penington, Groisser y Welsh, 1993). En consecuencia, las pocas estrategias cognitivas que han elaborado los investigadores del ADD / ADHD están destinadas a lograr que estos niños piensen más como la gente normal.

Los estudios sobre la eficacia de los enfoques cognitivos han dado resultados variados en cuanto a si es posible entrenar las mentes de los niños con diagnóstico de ADD/ADHD para que atiendan, recuerden, se concentren o "piensen" más eficazmente · (Abikoff, 1985; Fehlings, Roberts, Humphries y Dawes, 1991). Una razón de la variedad de los resultados podría ser que los investigadores están imponiéndoles artificialmente determinados procedimientos cognitivos a los chicos estudiados, sin tratar de descubrir cómo *piensan realmente* estos niños. Debemos investigar la experiencia subjetiva real que tiene lugar dentro de las mentes de los niños con problemas de atención y conducta. ¿Estos chicos piensan en términos de palabras, números, imágenes, música, sensaciones físicas u otras cosas? Con la aparición de nuevos modelos de pensamiento y aprendizaje, ahora contamos con más medios para contextualizar los distintos modos de pensar de los niños con diagóstico de ADD/ADHD (Gallas, 1994; Houston, 1982; Samples, 1976; Schwartz, 1992; Taylor, 1991).

Existen estrategias como la del autodiscurso, la visualización y la biorretroalimentación que permiten apelar a las dotes cognitivas naturales que tienen los niños con diagnóstico de ADD/ADHD, para ayudarlos a salir adelante dentro y fuera del aula.

Autodiscurso

El uso de palabras para dirigir la mente hacia determinados objetivos es uno de los rasgos centrales de la actividad verbal de los seres humanos. Los niños de corta edad organizan gran parte de su pensamiento a través del discurso privado, o sea, del proceso de hablarse a sí mismos o a nadie en particular (Vygotsky, 1986). Gradualmente, a medida que crecemos, esta corriente de palabras se internaliza en forma de *discurso interior*. La charla paralela de los niños cuando juegan es reemplazada por la "conversación mental silenciosa" de los adultos mientras trabajan.

El interés en la terapia cognitiva dentro del campo del ADD/ ADHD se ha centrado en la búsqueda de métodos para capacitar a los niños con diagnóstico de ADD/ADHD a emplear estrategias de "autodiscurso". Sin embargo, las investigaciones más recientes indican que muchos chicos con problemas de atención y conducta podrían *poseer ya* la capacidad de emplear un autodiscurso pertinente a las tareas escolares en el aula, y que los programas de capacitación cognitiva sólo les enseñan algo que ellos ya saben hacer (Berk y Landau, 1993). Berk y Landau sugieren a los docentes que arreglen el ámbito del aula de modo de posibilitar que esos niños empleen su discurso privado natural en horas de clase, sin molestar a los demás.

Berk y Potts (1991) han señalado que algunos niños con diagnóstico de ADD/ADHD podrían continuar utilizando el discurso privado después de que otros alumnos de su clase hayan internalizado su autodiscurso en forma de conversación mental silenciosa.

En ese caso, este autodiscurso podría llamar la atención y verse como una conducta "extraescolar" o "dispersora" (y hasta usarse para afirmar el diagnóstico de ADD/ADHD). Si entienden que estos alumnos podrían tener necesidad de usar su capacidad natural de hablarse a sí mismo mientras trabajan para pensar mejor, los docentes podrán contemplar estos tipos de conducta como una herramienta educacional positiva, y no como una conducta dispersora.

Visualización

Los niños con dificultades atencionales y conductales podrían procesar más fácilmente la información mediante las áreas espaciales posteriores del cerebro que mediante las áreas lingüísticas anteriores (Mulligan, 1996; Sunshine y otros, 1997). En esos casos, la mejor manera de organizar el pensamiento sería la visualización, antes que el autodiscurso. Estos niños pueden ser los que sueñan despiertos en clase, los que no se muestran tan activos ni conversadores, sino que se repliegan en sus facultades imaginativas, y por ello suelen ser diagnosticados como pacientes con ADD sin hiperactividad: *distraídos, olvidadizos, desorganizados.*

El predominio de lo lingüístico en nuestras escuelas y nuestra cultura es tan fuerte que no hay casi investigaciones sobre la capacidad de visualización de los niños con diagnóstico de ADD/ADHD. Debemos contar con estudios que exploren las mentes de estos niños y procuren descubrir la naturaleza de las imágenes que forman la base de sus ensueños, fantasías e imaginaciones mientras están sentados en el aula con la mirada perdida en el espacio.

De especial interés sería determinar el grado en que esas imágenes se conectan, de algún modo, con el programa de estudios. Los expertos en ADD/ADHD ya han notado (véase Moss, 1990) que los niños con dificultades atencionales suelen tener mentes asociativas que pueden ser estimuladas por una actividad escolar concreta en el aula, pero luego se desvían de ese estímulo para volcarse en asociaciones que se consideran extraescolares. Yo creo que debemos estudiar los patrones de estos pensamientos –en especial los que se basan en imágenes– para determinar cómo podríamos usarlos al servicio del currículo.

Algunos investigadores educacionales han estudiado el uso de la visualización, las imágenes guiadas, la imaginación y otras herramientas similares para ayudar a los alumnos a aprender contenidos con mayor eficacia (Allender, 1991; Murdock, 1989). Los docentes tendrían que aprender a usar estos recursos para ayudar a los alumnos con diagnóstico de ADD/ADHD que tienen dotes especiales de visualización o imaginación. Por ejemplo, el docente podría llevar a un alumno a hacer un viaje imaginario por el sistema circulatorio a fin de ayudarlo a aprender ciertos conceptos anatómicos. O podría enseñarle cómo visualizar los pasos de un problema de matemáticas, el argumento de un cuento, la ortografía de una palabra, un episodio histórico, una estrategia para dominar la ira o un modo de imaginarse a sí mismo como un buen alumno.

Los investigadores han encontrado algunas pruebas de que estos enfoques pueden dar buen resultado con los niños que tienen dificultades de conducta y atención (Murdock, 1989; Schneidler, 1973). Y así como el autodiscurso espontáneo puede ser una habilidad natural en algunos chicos con rótulo de ADD/ADHD, que los ayuda a pensar y trabajar más eficazmente, deberíamos explorar si algo similar podría suceder con la producción espontánea de imágenes. En ese caso, tendríamos que alentar la activa imaginación de ciertos alumnos mientras estudian.

Técnicas de concentración

Durante miles de años, en todas las culturas del mundo se han inventado técnicas y sistemas para entrenar la atención: el tai chi chuan, el yoga, la meditación, la introspección, la búsqueda de visiones, los ritos de pasaje, la reflexión, la contemplación y demás (Dang, 1994; Goleman, 1996; Iyengar, 1995). Me resulta curioso que en la bibliografía sobre el ADD/ADHD, un campo dedicado a ayudar a los niños que tienen problemas para prestar atención, no se haga casi mención a ninguno de estos métodos para entrenar la atención. Hay, en cambio, otros libros y artículos sobre educación que incluyen referencias al uso de diversas técnicas para ayudar a los niños con diagnóstico de ADD/ADHD a entrenar su habilidad para concentrarse en un estímulo. En un estudio adaptado de un enfoque propuesto por el doctor Herbert Benson, de Harvard (Benson y Klipper, 1990), se indicó a un grupo de chicos clasificados como pacientes con ADD/ADHD que se concentraran en un sonido durante unos pocos minutos por día; estos niños experimentaron una menor tendencia a la desatención y la impulsividad y una mayor capacidad para prestar atención (Kratter y Hogan, 1982).

En otros casos, los investigadores entrenaron a los niños para que se concentraran en ciertas imágenes. Oaklander (1978) empleó la "meditación ambulante" como parte de su trabajo con niños que no podían mantenerse concentrados en un objeto dado durante más de un segundo o dos (págs. 226-227). Le pedía a un niño que le dijera qué estaba mirando "en este instante"; cuando la atención del chico se desviaba, volvía a preguntarle "¿qué ves ahora?", y continuaba con este proceso hasta que la capacidad del niño de prestar atención a una sola cosa aumentaba gradualmente.

Biorretroalimentación

Una herramienta más reciente para entrenar la atención, basada en la tecnología, es la biorretroalimentación. Su propósito es ayudar a las personas con diagnóstico de ADD/ADHD a regular su propia actividad eléctrica dentro del cerebro. El cerebro humano genera corrientes eléctricas muy pequeñas que pueden medirse en un electroencefalograma (EEG). Estas corrientes varían en amplitud, según el estado mental de la persona que está conectada a un aparato de EEG.

Los resultados muestran tipos variables de ondas cerebrales, a saber:

- Para un adulto en estado de reposo, gran parte de lo que registra el EEG consistirá en *ondas alfa* que se repiten en la parte posterior de la cabeza a un ritmo de unos 10 herz (un herz es una unidad internacional de frecuencia equivalente a un ciclo por segundo).
- Los estados de alerta más concentrados producen un ritmo más rápido en las porciones central y frontal del cerebro (18-25 herz) y se denominan *ondas beta*.

• Las ondas rítmicas lentas con frecuencias de 4-7 herz se llaman *ondas theta* y son consideradas una actividad normal en los bebés y los niños pequeños, pero tienden a decrecer durante los años de la escuela primaria. Las ondas theta suelen asociarse con el ensueño, la creatividad, las imágenes hipnológicas y un foco amplio de atención.

Algunas investigaciones indican que ciertos niños con dificultades atencionales y conductales producen más ondas theta (foco amplio) y menos ondas beta (foco estrecho) que los grupos de comparación (Lubar y Lubar, 1984). Estos resultados concuerdan con algunas de nuestras observaciones acerca de la imaginación, la creatividad y el foco amplio de atención de muchos niños con diagnóstico de ADD / ADHD. El entrenamiento de biorretroalimentación podría ayudar a estos chicos a generar menos ondas theta y más beta, mejorando así su capacidad para concentrarse en estímulos escolares concretos.

El entrenamiento de biorretroalimentación consiste en varias sesiones en las que se conecta al niño a un aparato de EEG y se le indica que haga que los estímulos que aparezcan en una pantalla de computadora respondan de determinada manera (por ejemplo, mantener un barco a flote, hacer que una pelota amarilla se mantenga dentro de dos cuadrados verdes). Se le dice que haga cualquier cosa que sea necesaria, usando únicamente su mente, para controlar los objetos. Aunque este campo es objeto de controversias –la capacitación para los profesionales que utilizan la biorretroalimentación es sumamente variada y la pretensión de que "curan el ADD" es infundada–, algunos tipos de entrenamiento de biorretroalimentación podrían ser útiles para ciertos chicos que portan el rótulo del ADD / ADHD (véase Lee, 1991).

ESTRATEGIAS FÍSICAS

Los signos más visibles que presentan los niños con diagnóstico de ADD / ADDH (en especial en el segundo caso, cuando se ven afectados por hiperactividad) consisten en movimientos físicos: se agitan, se revuelven y corretean cuando se requiere que permanezcan sentados o en silencio. ¿Por qué no centrarnos en la actividad física de estos niños a fin de elaborar estrategias que los ayuden a funcionar mejor en el aula? En el paradigma del ADD/ADHD, este despliegue físico generalmente se ve como un problema. El "tratamiento" se dirige a encontrar formas de reducir el movimiento "excesivo" de estos chicos de modo que puedan quedarse sentados durante el tiempo suficiente para concentrarse en los materiales didácticos.

Una de las frases más citadas en la bibliografía sobre el tratamiento del ADD/ADDH se refiere a la necesidad de ayudar a estos chicos: "¡DETENTE, MIRA y ESCUCHA!" Pero este tipo de ayuda requiere que se ejerzan controles externos sobre el niño, incluyendo la medicación y la modificación de la conducta, para obtener buenos resultados. Además, esta perspectiva se basa en un modelo de educación tradicional, según el cual el aprendizaje óptimo tiene lugar en condiciones en que los niños permanecen sentados en silencio en sus pupitres, en lugar de aprender de otras maneras más dinámicas.

En el enfoque holístico, en cambio, se convalida al niño tal como es; se procura entender el valor potencial de sus altos niveles de energía física y buscar maneras de convertir ese despliegue físico en algo positivo en el aula. Como ya se señaló en este libro, es posible que muchos niños con diagnóstico de ADD/ADHD sean alumnos con un gran desarrollo corporal-cinético, es decir, chicos que aprenden mejor moviéndose, tocando, construyendo cosas, haciendo dramatizaciones y experimentando el material del currículo a través de las actividades físicas.

Por lo tanto, los métodos educacionales basados en la interpretación de roles, las manualidades y otros tipos de aprendizaje dinámico podrían ser modos más apropiados de ayudar a los niños con diagnóstico de ADHD a tener un mayor rendimiento en el aula. Sería mucho mejor que los docentes elaboraran métodos innovadores para ayudar a estos niños, proponiendo, por ejemplo: "¡ANDA, MIRA y ESCUCHA!" En esta sección presentaré varias estrategias basadas en este perspectiva positiva, como las de permitir el movimiento *apropiado*, propiciar el aprendizaje manual y promover un programa intensivo de educación física.

Permitir el movimiento apropiado

En cierta ocasión, después de una charla que di sobre el tema del ADD/ADHD, se me acercó una maestra y me dijo: "Sabe usted, yo siempre le asigno a uno de estos niños dos pupitres: uno en este lado del aula y el otro en el extremo opuesto. De ese modo, si se levanta de su pupitre siempre va a estar moviéndose hacia el otro". Ya sea que uno esté o no de acuerdo con esta estrategia en particular, lo interesante del caso es que la maestra procuró tomar una conducta que normalmente es dispersora (levantarse del pupitre con frecuencia) y convertirla en una conducta apropiada (moverse hacia su "otro pupitre").

Esta filosofía general ha guiado las estrategias que a lo largo de los años utilizaron muchos buenos docentes para ayudar a los "alumnos inquietos" a obtener buenos resultados. Otra maestra me contó de un alumno que pasaba el tiempo moviéndose y levantándose del pupitre durante la clase de lectura, y sacaba malas notas en las pruebas. Un día, la maestra se había olvidado de regar las plantas y le pidió a este alumno que fuera al fondo del aula a regarlas. Mientras lo hacía, la maestra dio la lección de fonética de ese día. Más tarde, cuando se evaluó el aprendizaje de ese tema en la clase, resultó que por primera vez el alumno tuvo el 100 por ciento de las respuestas correctas. La maestra se dio cuenta de que éste era un niño que necesitaba moverse mientras aprendía, y comenzó a diseñar otras tareas y actividades que podría efectuar mientras ella daba clase.

En el campo del ADD/ADHD, se indica a los docentes que hagan sentarse al niño con este síndrome al frente del aula, cerca de la maestra, para que ella pueda vigilarlo (CHADD, 1994). El problema de esta estrategia es que el alumno puede revolverse y caerse del asiento, para diversión del resto de la clase. Muchos docentes con los que he hablado han obtenido mejores resultados dejando que esos niños se sienten en el fondo del aula, en el entendimiento de que si necesitan levantarse y estirar los músculos, o deambular (donde no los vea la mayoría de los demás alumnos), pueden hacerlo en tanto no molesten a nadie. En un caso, un maestro le pidió a un padre que lo ayudara a instalar un atril en el fondo del aula para un alumno catalogado como hiperactivo, en el que el chico pudiera estudiar sentado o parado (Markowitz, 1986). Colocaron un pedal de máquina de coser en la parte de abajo para que el niño pudiera mantener los pies en movimiento, y forraron con fieltro el interior del atril para que tuviera estimulación táctil.

Otros docentes han posibilitado que los alumnos se muevan mientras aprenden mediante el uso de una "mecedora para leer", un minitrampolín y una "bañera matemática" (una tina en la que los alumnos pueden meterse, pero sólo para hacer las tareas de matemática). Algunos maestros también les dan pelotas blandas a los chicos para que las opriman y mantengan ocupadas las manos mientras escuchan al docente o leen un libro.

Estas sugerencias están todas basadas en el propósito de ayudar a canalizar la actividad física de determinados niños en medio de un ámbito escolar por lo demás inactivo, en el que casi todos los demás alumnos se quedan tranquilamente sentados en sus pupitres. La limitación de estas técnicas es que no se relacionan directamente con el currículo. Son mucho más eficaces las estrategias para permitir el movimiento apropiado en el aula que establecen un vínculo directo entre las actividades y el proceso de enseñanza / aprendizaje, y que abarcan a todos los alumnos, no sólo a los que tienen el rótulo del ADD / ADHD. Veamos algunas maneras de hacer esto:

- Aprender a deletrear palabras saltando fuera del pupitre cuando se nombra una vocal y sentándose cuando se nombra una consonante.
- Practicar las tablas de multiplicación formando un "trencito" para recorrer el aula bailando mientras se cuenta del 1 al 30 en voz alta, y sacudir las caderas y las piernas cada vez que aparece un múltiplo de tres.
- Adquirir conocimientos históricos haciendo una dramatización de un día "típico" en la vida de un hogar puritano de Massachussets en la década de 1640.
- Mostrar patrones de conexiones moleculares en la clase de química mediante una danza de cuadrilla en que se representen movimientos de átomos.
- Estudiar el desarrollo de los personajes de una novela haciendo una pantomima del auge y la declinación de ciertas figuras literarias.

- Comprender el impacto del terreno geográfico en las experiencias de Lewis y Clark emprendiendo un "viaje" simulado a través del aula.

Además, los chicos con problemas de atención y conducta podrían sacar provecho de *cualquier* proyecto especial que requiera que los alumnos funcionen en grupos cooperativos, entrevisten a otras personas, hagan trabajo de laboratorio, construyan estructuras, practiquen juegos didácticos o se muevan para realizar otras actividades correspondientes al currículo. Este tipo de proyecto brinda una importante vía de escape a las energías físicas de los niños con diagnóstico de ADHD (Griss, 1998; Hannaford, 1995; Patterson, 1997).

Enseñar técnicas de relajación

Otro modo de ayudar a los niños con diagnóstico de ADHD a lidiar con su alto nivel de actividad física en un ambiente escolar en el que no siempre pueden moverse tanto como les gustaría consiste en enseñarles a aplacar su tensión física mediante determinadas técnicas de relajación basadas en el yoga, la relajación progresiva, los ejercicios isométricos, la respiración y las imágenes mentales (Stewart, 1993; Williams, 1996). Veamos algunos ejemplos:

- Una de las técnicas más simples es enseñarle al alumno a flexionar y relajar en forma alternada diferentes músculos, para ayudarlo a descargar parte de la tensión muscular que él tiende expresar de maneras más manifiestas (esto se llama *relajación progresiva*). Se les puede enseñar a los alumnos un procedimiento de relajación progresiva de un minuto que podrán ejecutar en silencio en sus pupitres sin que el resto de la clase lo advierta.
- Análogamente, se les puede mostrar a los alumnos cómo respirar profundamente, mantener la respiración por un instante, relajarse, y luego repetir el procedimiento algunas veces más, según lo necesiten. Esa respiración profunda también puede servirles a algunos alumnos para descargar energía física y centrar su foco de atención cuando se sientan inquietos o desasosegados.

- Pueden emplearse estrategias de visualización de imágenes mentales cinéticas, como indicarles a los alumnos que pueden "moverse con la mente" (por ejemplo: "haz 40 flexiones con tu imaginación") en lugar de moverse por el aula. Esto puede ayudarlos a transformar su energía física en una energía mental que podrán "manifestar" internamente, sin interrumpir la clase.

Los investigadores informan haber obtenido resultados favorables mediante el uso de muchas de estas técnicas con alumnos descriptos como "hiperactivos", "con ADHD" o "con problemas de conducta" (Dunn, F. M. y Howell, 1986; Omizo, 1981; Richter, 1984).

Ofrecer oportunidades de aprendizaje manual

Hace muchos años, los niños que tenían una fuerte necesidad de emplear el contacto físico para aprender eran catalogados como alumnos "hápticos", del griego *haptos*, que significa "agarrar" (Lowenfeld, 1987). Éstos eran niños que aprendían mejor agarrando todo lo que estuviera a su alcance en el ámbito de aprendizaje.

En la actualidad, al menos algunos chicos que en realidad son alumnos hápticos corren el riesgo de recibir un diagnóstico de ADD/ADHD (Locher, 1995). A falta de actividades didácticas manuales, estos niños agarrarán lo que tengan a mano –el cabello de un compañero, un juguete que trajeron de su casa, la lapicera de otro– y muchos docentes considerarán que estas conductas son señales *de aviso* de la presencia del ADHD. Una posible solución para estos alumnos sería crear más actividades didácticas manuales para que puedan "agarrar" materiales directamente relacionados con el aprendizaje en el aula. Las siguientes son algunas sugerencias:

- Usar elementos manipulables para aprender conceptos matemáticos (por ejemplo, bloques de Dienes, varillas, cubos UNIFIX) (Davidson, 1996).
- Crear campos de batalla (con soldaditos de plomo, tableros de juego y otros materiales) para ilustrar los combates ocurridos durante la guerra de la independencia.

- Emplear materiales de laboratorio que puedan tocarse para enseñar conceptos científicos.
- Construir dioramas que escenifiquen determinados acontecimientos descriptos en un cuento o una novela.
- Diseñar estructuras edilicias para aprender sobre arquitectura.
- Hacer mapas en relieve, de tres dimensiones, para mostrar los accidentes geográficos de la región.
- Formar letras con arcilla para aprender los rasgos alfabéticos.
- Inventar y construir máquinas especiales para ilustrar los conceptos de causa y efecto.

Así como los docentes alientan a los alumnos a escribir o dibujar sus ideas en clase, también deberían ofrecerles oportunidades de manufacturar objetos que representen lo que ellos piensan sobre determinado tópico escolar. Por ejemplo, si los alumnos están estudiando el concepto de *deuda nacional* en la clase de economía, los docentes podrían darles un poco de arcilla y pedirles que creen una representación tridimensional de una posible solución al problema de la deuda nacional.

Se pueden emplear muchos otros materiales manuales para la formación de conceptos, como alambre, bloques, *collages* o hasta una simple hoja de papel blanco que podrá doblarse, arrugarse o rasgarse para representar una "escultura móvil" de un concepto. Por ejemplo, los alumnos podrían crear esculturas de papel para los siguientes elementos léxicos: *bulboso, fragmentario* y *elongado*. Cuando a los chicos con rótulo de ADD/ADHD se les permite usar las manos para expresar lo que tienen en la mente, es muy posible que puedan producir resultados muy creativos e inesperados, así como manifestar algunos rasgos positivos que estaban ocultos bajo un aluvión de conductas negativas.

Promover un programa intensivo de educación física en la escuela

En el comunicado que hace unos años emitió la Asociación Americana de Pediatría para dejar sentada su posición sobre el uso de la Ritalina, se señalaba la conveniencia de que los docentes aplicaran una serie de estrategias alternativas antes de que el médico recetara psicoestimulantes a un niño. Entre las alternativas enumeradas se incluía "un programa intensivo de educación física" (Academia Americana de Pediatría, 1987).

Todo buen maestro sabe que una carrera alrededor del edificio escolar es una receta natural para una clase o un alumno inquietos. Pero una educación física intensiva, que les brinde a los niños la oportunidad de desahogarse físicamente y practicar distintas formas de cultura física, es un modo mucho más eficaz de ayudar a los alumnos a manejar sus desbordantes energías. Lamentablemente, muy pocas escuelas y sistemas escolares de los Estados Unidos promueven programas intensivos de educación física, y muchos de los programas existentes se limitan a la gimnasia convencional y unos pocos deportes de competición (Portner, 1993).

Según investigaciones recientes (Seefeldt y Vogel, 1990; Virgilio y Berenson, 1988), un programa intensivo de educación física debería partir de un enfoque total de la cultura física e incluir alguno de los siguientes elementos:

- deportes individuales y de competición
- gimnasia para desarrollar la aptitud física
- artes marciales
- yoga
- expresión corporal y danza

Algunas publicaciones sobre el tema sugieren que esos programas podrían ser beneficiosos para los chicos con diagnóstico de ADD/ADHD (Alexander, 1990; Coat, 1982; Putnam y Copans, 1998). Como expresa el neurólogo Jaak Panksepp (1996):

> Evidentemente, el cerebro y la psiquis humana en proceso de desarrollo no fueron diseñados para quedarse inmóviles en un aula durante horas y horas [...]. Por el contrario, el cerebro fue diseñado para retozar con otros jovencitos, especialmente al aire libre (pág. 3).

Panksepp sostiene que la gradual desaparición del "juego espontáneo", conveniente al cerebro, en nuestra cultura puede correlacionarse con el aumento de la incidencia de los trastornos de atención en nuestras aulas. Un programa intensivo de educación física en nuestros colegios posiblemente aportaría la elevada estimulación física que muchos niños con diagnóstico de ADD/ADHD podrían requerir a diario.

ESTRATEGIAS AFECTIVAS

Aunque algunos expertos que adhieren al paradigma del ADD/ADHD han escrito sobre el mundo emocional interior de los niños con ese síndrome (Brooks, 1992, 1994; Heilveil y Clark, 1990), la mayor parte de la bibliografía muestra una lamentable escasez de material referente a las emociones personales de estos chicos. Las siguientes son algunas preguntas que tendríamos que plantearnos:

* ¿Qué están sintiendo estos niños?
* ¿Qué desean?
* ¿Qué los desalienta?
* ¿Qué y a quién desprecian?
* ¿Qué los llena de pasión y alegría?
* ¿Qué sienten respecto de ellos mismos?
* ¿Cómo se sienten respecto de la escuela? ¿De sus amigos? ¿De sus padres?

El campo del ADD/ADHD ha centrado su interés en la conducta externa, en los procesos de pensamiento internos y en la causalidad biológica, pero para entender las necesidades de los niños con diagnóstico de ADD/ADHD también debemos tener conocimiento de su vida emocional interior. Tenemos que entender sus necesidades para ayudarlos a salir adelante en la escuela y en la vida.

En el capítulo 2 examinamos investigaciones que indican que algunos de estos niños podrían ser hiperactivos, impulsivos o desatentos debido a que experimentan graves perturbaciones emocionales bajo la superficie de esos tipos de conducta manifiesta. Otros chicos que dan muestras de una conducta creativa podrían tener un mundo interior de mayor riqueza emocional, que es percibido como "dispersor" o "ADHD" tan sólo porque es poco convencional (Cramond, 1994; Reid, B. D. y McGuire, 1995).

Aun otros niños podrían experimentar profundos sentimientos de autodesvalorización debido al efecto de una experiencia negativa en la escuela, con los pares o con los padres. En algunos casos, la respuesta de los docentes a este tipo de trastorno emocional profundo debería ser la de derivar al niño a un profesional de la salud mental. En otros casos, será conveniente que el docente aborde el aspecto afectivo en la escuela de modo que esas emociones sirvan para fortalecer, y no para perjudicar, la experiencia en el aula. Existen estrategias, como las de fomentar las artes expresivas, mantener una imagen positiva y emplear modelos de rol positivos, que pueden ayudar a lograr este objetivo.

Las artes expresivas

Las conductas correspondientes a la descripción del ADD/ADHD –hiperactividad, falta de atención e impulsividad– podrían verse como una muestra de "energía mal dirigida". Las artes expresivas brindan la oportunidad de canalizar esa energía en una dirección positiva. Los investigadores han indicado que muchos niños con diagnóstico de ADD/ADHD no manifiestan una conducta tan dispersora cuando realizan actividades de orientación artística, como pintar, hacer representaciones teatrales, bailar o jugar, como cuando efectúan tareas escolares más tradicionales (Berlin, 1989; O'Neil, 1994; Smitheman-Brown y Church, 1996). Estas artes expresivas suministran canales por los cuales pueden encauzarse las energías dispersas de los chicos.

Esto lo advertí personalmente cuando me desempeñé como codirector de una clase de arte en un programa de educación especial que se realizó en verano. Muchos niños con mala conducta en todas las demás clases venían a la nuestra y se calmaban de inmediato en cuanto se ponían a fabricar máscaras, hacer trabajos de carpintería, construir modelos y realizar otras actividades artísticas. Veamos algunas ideas para incorporar las artes expresivas al mundo de los niños catalogados como pacientes con ADD/ADHD:

• Promover un *programa intensivo de orientación artística* en la escuela, que incluya cursos de danza, música, pintura, teatro, escritura creativa, escultura y otras formas creativas, y anotar a los alumnos con diagnóstico de ADD/ADHD en cursos de artes que reflejen sus intereses más profundos.

• Implementar en el aula un espacio dedicado a la *actividad creativa*, con títeres, pinturas, disfraces y materiales de construcción. En mi propia aula para chicos con problemas de conducta teníamos un área de "fabricación del mundo", donde los niños podían crear pueblos y ciudades en miniatura utilizando arcilla, figuras, vehículos de juguete, árboles de plástico y otros objetos pequeños.

• Explorar *oportunidades fuera de la escuela* para que el niño diagnosticado con ADD/ADHD pueda tomar clases de música, danza o pintura, inscribirse en una compañía de teatro infantil o participar de otras formas en proyectos creativos de la comunidad.

• Crear oportunidades para emplear las artes en *cada parte del currículo* (por ejemplo, hacer que los niños representen roles en las clases de historia, que hagan dibujos para ilustrar problemas de matemática, que compongan canciones y poesías sobre los personajes literarios) (Margulies, 1991; Spolin, 1986; Wallace, 1992).

Cuando los docentes comiencen a percibir los síntomas del ADD/ADHD como un potencial creativo inexplorado, tendrán menos tendencia a patologizar a los niños con este diagnóstico y más oportunidades de ayudarlos a concretar su potencial interior.

Mantener una imagen positiva

En este libro he señalado los problemas que ocasiona el hecho de emplear rótulos negativos para describir a los niños que padecen dificultades de atención y conducta. Este proceso de catalogación negativa es como echarle sal a una herida, pues tiene el efecto de formalizar o institucionalizar las experiencias negativas del alumno. Si los alumnos están teniendo dificultades en la escuela, seguramente no los favorecerá que les cuelguen un rótulo que contiene dos términos negativos (*trastorno* de *déficit* de atención) En su lugar, deberían sentirse rodeados por adultos que ven *lo mejor que ellos tienen dentro*.

Por consiguiente, una de las estrategias más importantes que proponemos en este libro es que los docentes procuren mantener imágenes *positivas* respecto de esos alumnos. En los últimos tiempos han aparecido varios libros en los que se busca reubicar dentro de un contexto positivo nuestras perspectivas de los alumnos con problemas de conducta o atención:

- El niño brioso (Kurcinka, 1992).
- El niño activo y alerta (Budd, 1993).
- El "cazador en un mundo de granjeros" (Hartmann, 1997).
- El "niño con cerebro derecho en un mundo con cerebro izquierdo" (Freed y Parsons, 1998).
- El niño con "el rasgo de Edison" (Palladino, 1997).

Veamos algunas sugerencias para que el docente mantenga una imagen positiva de los niños con diagnóstico de ADD/ADDH:

- Evite, en lo posible, emplear el rótulo de ADD/ADHD. Si se ve obligado a usarlo por razones administrativas o a efectos de comunicarse con otros, le recomiendo que diga "el niño a quien se ha atribuido la clasificación de ADD", o "el alumno identificado (o diagnosticado) como con ADHD", en lugar de decir: "el niño con ADD" o "el alumno con ADHD".
  De esta manera, se reconoce la presencia del ADD/ADHD, pero en términos del hecho de haber sido diagnosticado o catalogado (un hecho que realmente ocurrió), y no en términos de quién es el niño o de lo que *tiene* (suposiciones que son cuestionables en el contexto de este libro). Esto podrá parecerles "políticamente correcto" a algunos, pero los datos empíricos confirman que lo que les decimos a otras personas acerca de un alumno puede afectar el desempeño escolar de ese alumno (Rosenthal, 1978; Rosenthal y Jacobson, 1968).
- Enséñele a sus alumnos con rótulo de ADHD acerca de modelos de aprendizaje que pueden ayudarlos a comprenderse mejor a sí mismos. En vez de recurrir a toda la bibliografía destinada a ayudar a los alumnos a entender su ADD/ADHD (como Galvin, 1988; Gehret, 1991; Levine, 1992), yo les sugiero a los docentes

que ayuden a los alumnos a comprender sus *inteligencias múltiples* (Armstrong, 1994; Lazear, 1993), sus *estilos de aprendizaje*, sus *temperamentos* u otros modelos de autocomprensión. Sin duda, si los alumnos reciben el rótulo de ADD / ADHD, se merecen una explicación franca y directa de lo que esto significa, pero es conveniente darles esta información en el contexto de una explicación más amplia acerca de quién es realmente el alumno y en qué está en condiciones de convertirse.

- Emplee un conjunto de términos y descripciones positivas cuando hable con otros sobre un alumno con rótulo de ADD / ADHD, como *brioso, apasionado, creativo, vivaz, exuberante* e *imaginativo*. No se trata de utilizar estas palabras arbitrariamente o para justificar una mala conducta, sino que deben servirle como una vía de acceso hacia formas más positivas de percibir a estos niños.
- Asegúrese de hacerles saber a sus alumnos con rótulo de ADD / ADHD que usted aprecia su capacidad de aprender. Contradiga sus descripciones negativas de sí mismos con algunos de los términos positivos que hemos mencionado. Ayúdelos a construir y mantener una imagen de ellos mismos como individuos sumamente competentes.

Modelos de rol positivos

Creo que a los alumnos que han recibido el rótulo de ADD / ADHD se les debería hablar a menudo de algunos personajes históricos que enfrentaron dificultades similares en sus vidas. Los ejemplos no son difíciles de encontrar. Goertzel y Goertzel (1962) estudiaron las vidas de 400 individuos eminentes en la historia y descubrieron que ¡a 300 de ellos no les gustaba la escuela! Por ejemplo:

- Winston Churchill fue expulsado de todas las escuelas a las que asistió en su infancia.
- El Papa Juan XXIII fue enviado a su casa con una nota de la escuela en la que se avisaba que nunca hacía sus tareas domiciliarias, ¡pero él no le entregó la nota a sus padres!

- Beethoven era grosero con sus amigos y muy desordenado en su vida hogareña.
- Louis Armstrong pasó un tiempo recluido en una institución para delincuentes juveniles.
- A Sarah Bernhardt la expulsaron tres veces del colegio.

Pienso que los docentes deberían preparar lecciones especiales sobre estos "héroes hiperactivos" y presentar ese material a todos los alumnos, pero sobre todo a los que han recibido el rótulo de ADD/ADHD. No creo que corresponda decirles: "estas personas famosas tenían ADD/ADHD, igual que ustedes". El mensaje a transmitirles, en mi opinión, es que: "ustedes pueden salir adelante en la vida igual que estos grandes individuos, pues tienen la misma clase de energía apasionada, si aprenden a encauzarla, que tuvieron estos personajes para llegar a ser grandes". Veamos algunas maneras de transmitir esta información a los alumnos:

- Utilice fotos, biografías, películas y representación de roles para mostrar en forma vívida las vidas de estos modelos de rol positivos.
- Considere la posibilidad de traer al aula a algunos individuos de la comunidad que hayan tenido problemas de conducta en la escuela y luego se hayan destacado en la especialidad que eligieron.
- Explore las carreras existentes que requieren individuos con altos niveles de energía, a los que les guste trasladarse de un lado a otro, cambiar de actividad con frecuencia y dirigir su propio trabajo (por ejemplo, empresario independiente, escritor *free-lance*, musicoterapeuta, artesano, profesor de gimnasia aeróbica, asesor en relaciones públicas, animador, contratista de la construcción).

En definitiva, el objetivo es ayudar a los alumnos con diagnóstico de ADD/ADHD a concebir en forma positiva sus modelos de rol hiperactivos y su propio futuro, y a llegar a la conclusión de que "¡si ellos pudieron hacerlo, yo también podré!".

ESTRATEGIAS INTERPERSONALES

Las investigaciones realizadas en el contexto del paradigma del ADD/ADHD coinciden en señalar las dificultades sociales que tienen muchos de los niños así diagnosticados con sus pares, docentes y padres (Barkley, 1990). Para abordar estos problemas, los expertos en el campo han creado programas de destrezas sociales destinados a ayudar a estos chicos a aprender el arte de hacer amigos, reconocer pautas sociales y manejar la ira en sus relaciones (Guevremont, 1990; Kolko, Loar y Sturnick, 1990).

Estos programas se cuentan entre los componentes más sólidos y útiles del paradigma del ADD/ADHD. Sin embargo, como surgen de un *paradigma de déficit*, tienden a omitir algunos aspectos del contexto más amplio en el que se manifiesta la conducta social de muchos niños con diagnóstico de ADD/ADHD, como los siguientes:

* No todos los niños diagnosticados como pacientes con ADD/ADHD tienen problemas sociales. De hecho, algunos de ellos son líderes entre sus pares, apreciados por sus amigos o naturalmente gregarios.
* Algunos chicos que manifiestan dificultades sociales en la escuela pueden mostrar destrezas sociales en contextos no escolares: en la institución teatral de la comunidad, en trabajos voluntarios o incluso en grupos no aprobados socialmente, como las pandillas.
* Aun entre los niños que muestran claros problemas de adaptación social, tanto dentro como fuera de la escuela, en muchos casos sus dificultades se deben a que tienen una personalidad fuerte, un intenso individualismo o un carácter apasionado, más que a deficiencias sociales específicas relacionadas con el ADD/ADHD.

Como se observó en la sección referida a los "modelos de rol positivos", muchas personas altamente creativas y eminentes no eran fáciles de tratar debido a que no se ceñían a las pautas corrientes y se apartaban de las normas sociales. Análogamente, las dificultades interpersonales de muchos chicos con diagnóstico de ADD/ADHD podrían obedecer a que no se adaptan a las convenciones sociales normales de lo que se considera una conducta aceptable dentro de determinados contextos sociales (como los grupos de pares o la cultura escolar).

Esto no exime su necesidad de adaptarse (sobre todo porque a la mayoría de los niños les *gustaría* adaptarse). Pero las observaciones que hemos hecho indican que consideramos la situación interpersonal de un modo algo diferente del que proponen los expertos en ADD/ADHD: no vemos déficit en la conducta social sino una "escasa adaptación" o un desajuste entre la persona y uno o más contextos sociales concretos.

Ciertas estrategias, como el apoyo escolar entre pares, las reuniones de la clase y la implementación de eventos sociales positivos pueden ayudar a muchos alumnos con rótulo de ADD/ ADHD a aprender nuevas destrezas sociales y, al mismo tiempo, · descubrir nuevos contextos sociales dentro de los cuales pueden funcionar positivamente.

Apoyo escolar entre pares o entre alumnos de distintas edades

Una manera de crear un contexto social nuevo y más positivo es el apoyo escolar entre pares o entre alumnos de distintas edades. Si a un alumno diagnosticado como ADD/ADHD se le asigna otro alumno menor (apoyo escolar entre alumnos de distintas edades) para que lo ayude en una actividad escolar concreta (de lectura o de matemáticas, por ejemplo), el chico con dificultades de atención o conducta tendrá que desempeñarse como el miembro responsable de esa relación.

A través del apoyo escolar entre pares, un niño con diagnóstico de ADD/ADHD puede enseñarle algo que él sabe hacer a otro alumno de su edad que no sabe hacerlo. En un programa de este tipo, un grupo de alumnos clasificados como con problemas de conducta le enseñó a otro grupo de niños catalogados como "superdotados" a utilizar algunos signos del lenguaje de señas (Osguthorpe, 1985). Estos programas sirven para cambiar los rótulos y redefinir los contextos sociales de modo que los alumnos puedan verse unos a otros de nuevas maneras.

Por último, los programas del tipo "hermano mayor", en que un alumno de más edad (con o sin rótulo de ADD/ADHD) se hace cargo de un niño diagnosticado como con ADD/ADHD, pueden suministrarle a este niño un modelo de rol positivo para aprender formas de conducta aceptables (Du Paul y Henningson, 1993; Fiore y Becker, 1994).

Reuniones de la clase

El docente puede destinar parte del tiempo de clase a efectuar reuniones basadas en las ideas educacionales de William Glasser (Glasser, 1975; Glasser y Dotson, 1998). Estas reuniones brindan más oportunidades de crear ámbitos sociales especiales, dentro de los cuales los alumnos clasificados como con ADD/ADHD pueden aprender nuevas clases de conducta social y experimentarse a sí mismos como seres sociales positivos.

Seguramente, las reuniones de la clase y otros grupos cooperativos podrían resultar una simple ocasión para que los demás alumnos se quejen de la conducta de estos chicos, con lo que sólo servirían para empeorar aun más las relaciones entre ellos. Pero bien dirigida, una reunión de la clase puede proporcionar una oportunidad para que los alumnos con diagnóstico de ADD/ADHD reciban una retroalimentación útil acerca de cómo los perciben los demás, para que reciban un reconocimiento social por las cosas positivas que han hecho en clase, para que comuniquen sus propios sentimientos e ideas sobre temas relativos a la clase y para que se sientan como miembros igualitarios de una entidad social total.

Momentos sociales positivos

Además de celebrar reuniones periódicas de la clase, hay otras formas en que el docente puede crear condiciones propicias para las interacciones sociales positivas en la escuela. Las siguientes son algunas sugerencias:

• Haga que el alumno catalogado como con ADD/ADHD hable en clase sobre algo que le interese, o enseñe algo que él sabe hacer bien.

- Encuentre a otros alumnos con quienes le parece que este niño podría llevarse bien y agrúpelos para realizar ciertas actividades en clase.
- Piense en otros ámbitos sociales en los que le parece que el alumno podría andar bien: fiestas de la clase, clubes recreativos o deportes que al niño le interesen, cantos corales o caminatas al aire libre, por ejemplo.
- Asegúrese de establecer una relación positiva con el niño. Tómese un poco de tiempo, a primera hora de día, para hablar con él sobre su vida, sus inquietudes, sus necesidades y lo que espera de ese día. Al final de la jornada, vuelva a hacer contacto con él para repasar los acontecimientos del día. Al saber que tiene una relación social positiva y confiable en la escuela que puede servirle como ancla, le será más fácil aventurarse a entrar en los mares sociales, a menudo turbulentos, de la cultura escolar.

ESTRATEGIAS ECOLÓGICAS

El enfoque holístico que hemos adoptado en este libro bien podría considerarse ecológico de por sí, ya que se propone abarcar el terreno global, por así decirlo, de la vida de un niño, en lugar de limitarse a considerar los "hoyos" o déficit. Pero las estrategias que aquí consignamos como "ecológicas" se relacionan directamente con determinados aspectos concretos del medio ambiente inmediato del niño: *espacio, tiempo, comida, sonido* y *color*.

A través de comprender los efectos positivos y negativos que pueden tener estos factores ambientales sobre los tiempos de atención y las conductas de los alumnos catalogados como pacientes con ADD/ADHD, los docentes pueden comenzar a modificar el medio ambiente a fin de lograr un nivel de respaldo óptimo para la sensibilidad ecológica particular de cada alumno.

El espacio

La mayoría de los docentes conoce los estudios realizados con ratas que fueron colocadas en condiciones de hacinamiento y, como respuesta, dieron muestras de una mayor agresividad (Weinstein, 1979). En otros estudios, se buscó vincular el hacinamiento en la vivienda con la conducta hiperactiva de algunos niños (Thomas, Chess, Sillen y Menzez, 1974). Estas constataciones no deben ignorarse cuando se considera la situación en el aula, sobre todo en los casos de alumnos con diagnóstico de ADD/ADHD que se ven obligados a estudiar en aulas superpobladas. Lo que Winstein observó en 1979 aun tiene validez hoy en día: "En ningún otro lado [fuera de las escuelas] hay grandes cantidades de individuos agrupados juntos durante tantas horas, de los que se espera que se desempeñen con suma eficiencia en tareas de aprendizaje difíciles y que interactúen armoniosamente" (pág. 585).

Incluso en las aulas que no están superpobladas, los docentes deberían tener en cuenta la importancia del espacio como variable ecológica y contribuir a modificar el espacio de manera de favorecer a los alumnos que han sido catalogados como pacientes con ADD/ADHD. La experta en diseño de aulas Anita Olds (1979) señala algunos de los problemas existentes en los espacios de las aulas tradicionales:

> La aridez y la homogeneidad de los parámetros físicos de las aulas pueden aplastar los ánimos e interferir con la capacidad de los niños de mantenerse alerta y atentos. Los pisos de frías baldosas brillantes, las series de sillas y mesas de diseño idéntico y terminaciones rígidas, los cielorrasos de altura uniforme, que achican el tamaño de los ocupantes de la habitación, y las luces fluorescentes que iluminan en forma intensa y constante todas las actividades indiscriminadamente, son todos factores que contribuyen a inspirar aburrimiento, apatía y desagrado por los ámbitos en los que tiene lugar el aprendizaje (pág. 95).

Hace cuarenta años, los docentes ubicaban a los niños identificados como "hiperactivos" en salas casi desprovistas de muebles, convencidos de que cualquier estímulo extra desencadenaría su hiperactividad (Cruickshank, 1975). Pero como hemos visto antes, las investigaciones actuales indican que muchos niños con rótulo de ADD/ADHD podrían estar subalentados y necesitar un ámbito de *estimulación elevada* para calmarse (Zentall, 1993a y 1993b; Zentall y Zentall, 1976). Los espacios monótonos de las aulas, como los que describe Olds, podrían incitar a estos alumnos a buscar estímulo por la vía de moverse, distraerse, socializar o deambular para alcanzar su nivel óptimo de estimulación.

No encontré ninguna recomendación sobre cómo estructurar el espacio del aula a fin de favorecer a los alumnos con diagnóstico de ADD/ADHD en general, pero las siguientes sugerencias pueden resultar útiles para algunos niños en particular:

- Deje que los alumnos configuren el sitio en que estudian de un modo que les permita expresar su individualidad (a través de dibujos y objetos artísticos, por ejemplo). Cada alumno debería sentir que tiene su propio espacio de pertenencia.
- Instale distintos tipos de espacios en el aula que se adapten a diferentes estados de energía (por ejemplo, un rincón privado para la reflexión silenciosa, un área social para la interacción personal, un área de actividades prácticas para construir cosas o crear proyectos) y utilícelos para combinar el nivel de energía del alumno con un espacio concreto.
- Establezca una variedad de modos en que los alumnos pueden hacer las tareas (sentados, parados, recostados, solos, en pares, en grupos) y disponga los espacios apropiados para que estas modalidades funcionen con eficacia.
- Reavive el aula con plantas y animales (traiga maceteros, un pájaro en su jaula, un terrario).
- Si es posible, use luz natural o iluminación incandescente en lugar de luces fluorescentes.
- Considere el empleo de alguno de estos elementos para contribuir a personalizar el espacio del aula: almohadones, muebles blandos, muebles de tamaño infantil, móviles, murales, alfombras, toldos y mamparas.

En un espacio atrayente, estimulante, diverso y personalizado, los alumnos con diagnóstico de ADD/ADHD podrían tener menos tendencia a sentir que deben crearse su propio espacio a través de conductas hiperactivas, impulsivas o desatentas.

El tiempo

Un nuevo e importante campo de estudio llamado *cronopsicología* ha puesto en evidencia el efecto que puede tener la variable ecológica del tiempo sobre el aprendizaje y la conducta. Los ritmos temporales más importantes que experimentan los seres humanos son los *ritmos circadianos* que ocurren en ciclos solares de 24 horas y ciclos lunares de 25 horas. Según algunos expertos, el estado alerta global tiende a elevarse durante la mañana, para la mayoría de la gente, hasta llegar a su punto máximo al mediodía, y luego declina en forma sostenida durante la tarde (Dolnick, 1992: Zagar y Bowers, 1983). La memoria de corto plazo parece llegar a su pico alrededor de las nueve de la mañana, mientras que la de largo plazo funcionaría mejor aproximadamente a las tres de la tarde, para la mayor parte de las personas. Los estudios realizados con niños diagnosticados como pacientes de ADD/ADHD o hiperactivos mostraron que su rendimiento en una serie de tareas de resolución de problemas era mejor por la mañana que por la tarde, y su inquietud parecía alcanzar el máximo grado durante la tarde (Porrino y otros, 1983). Estas constataciones nos llevan a hacer las siguientes sugerencias:

• Programe las actividades que requieren memoria de corto plazo (cuestionarios, ejercicios de repetición, lectura, respuestas basadas en hechos) y resolución de problemas (tests de matemáticas, experimentos de ciencia) para las horas matinales.
• Planifique actividades de final abierto (lectura por placer, dibujo, música) y actividades motrices (trabajos manuales, educación física, juegos) para la tarde.

Como plantean Sylwester y Cho (1992-1993):

Lo más lógico es programar las actividades curriculares prioritarias que requieren máxima atención y respuestas precisas durante la mañana, cuando es más fácil mantener la atención. También es lógico programar actividades interesantes que requieren menos precisión y atención sostenida para la tarde, cuando el interés inherente de los alumnos en la actividad los hará elevar su nivel de atención (pág. 74).

Sin embargo, no todos los alumnos seguirán necesariamente estas pautas generales (Callan, 1997-1998). En el caso de algunos niños, habrá que llevar un registro diario de su conducta para determinar a qué hora del día llegan a su máximo nivel de atención. Una vez identificada esta hora, a estos alumnos se les podrá presentar el material que requiere atención sostenida durante los períodos en que están más alerta.

El sonido

Los sonidos de fondo en el aula pueden contribuir a mejorar o bien a dispersar la atención y la conducta de los alumnos. S. Cohen, Evans, Krantz, Stokols y Kelly (1981) estudiaron el desempeño de los alumnos de una escuela cercana al Aeropuerto Internacional de Los Ángeles –con un constante ruido de aviones que volaban sobre sus cabezas– y comprobaron que estos chicos tenían mayor tendencia a frustrarse y abandonar las tareas escolares que los grupos de control de escuelas no ubicadas cerca de un aeropuerto.

Los docentes deben tomar en cuenta que otros sonidos, como el zumbido de las luces fluorescentes, el murmullo de las estufas de la escuela y los ruidos que vienen de fábricas cercanas o del tránsito callejero, también podrían ser fuentes de distracción para los alumnos catalogados como pacientes con ADD/ADHD.

Por otro lado, algunos sonidos –sobre todo la música– pueden mejorar el ámbito de aprendizaje para los niños con dificultades de atención y conducta. En algunos estudios realizados se observó que la música tenía un efecto calmante sobre los alumnos identificados como hiperactivos o con ADD/ADHD (Cripe, 1986; Scott, 1969). En estos casos, los sonidos de fondo parecen funcionar como una especie de "Ritalina musical", al suministrar la estimulación adicional que requieren algunos niños con diagnóstico de ADD/ADHD.

Desde luego, esto no será necesariamente beneficioso para todos los alumnos diagnosticados con el ADD/ADHD, ya que a algunos podría distraerlos la música, o algunos tipos de música o de sonidos. Pero hay varias fuentes que señalan los importantes efectos de la música sobre el estado de ánimo, la conducta y el aprendizaje, y proporcionan selecciones musicales destinadas a producir ciertos estados de ánimo (Bonny y Savary, 1990: Lingerman, 1995). El docente debería explorar el potencial de la música para ayudar a centrar la atención y aplacar la conducta dispersa. Veamos algunas ideas para ponerlo en práctica:

- Experimente con distintos tipos de música de fondo en el aula y observe qué piezas musicales parecen tener mejor efecto sobre la conducta y la atención.
- Comience el día (o la clase) con música. Podría emplear una simple pieza musical para centrar la atención y calmar los ánimos, o una canción que los alumnos canten juntos, o un recital en vivo a cargo de alumnos, padres voluntarios u otros miembros de la comunidad.
- Implemente un ámbito para escuchar música en el aula, donde los alumnos puedan escuchar diferentes tipos de música con auriculares, mientras estudian, sin molestar a los demás.
- Considere la posibilidad de utilizar música de fondo o una máquina de "sonido blanco" para tapar los ruidos del entorno que provocan distracción (como el tránsito o las máquinas fabriles).

Eligiendo los sonidos apropiados para el aula, el docente puede ayudar a "aplacar a las fieras hiperactivas" y a crear un ámbito de aprendizaje armónico para todos los alumnos.

La comida

Para al menos algunos alumnos identificados como pacientes con ADD/ADHD, se cumple el dicho de que "¡lo que carcome a Pedrito es lo que Pedrito come!". Al igual que las medicaciones, la comida representa un aspecto del entorno de los niños que pasa a formar parte, literalmente, de su aparato biológico. Por lo tanto, en todo enfoque holístico del tema del ADD/ADHD habrá que considerar el efecto de la comida sobre la atención y la conducta. Las investigaciones realizadas indican, por ejemplo, que un desayuno equilibrado, que incluye tanto proteínas como carbohidratos, ayuda a los alumnos a centrar la atención y disminuye la inquietud (Conners, 1989).

Algunas investigaciones también señalan los efectos beneficiosos de determinadas dietas especiales para un pequeño grupo de alumnos dentro del grupo total con diagnóstico de ADD/ADHD. En algunos niños, la eliminación de alimentos que contienen ciertos aditivos químicos (sabores artificiales, coloración sintética y sustancias preservativas como BHA y BHT) y de los que tienen salicilatos naturales (damascos, cerezas, ciruelas) podría contribuir a disminuir la hiperactividad (Feingold, 1974, Hersey, 1996). Aunque estas dietas son combatidas por los representantes de la industria de la alimentación, varios estudios serios indican que ciertos niños muestran una notoria mejora en su conducta tras la eliminación de esos alimentos (Egger, Stolla y McEwen, 1992; Kaplan, McNicol, Conte y Moghadam, 1989).

Análogamente, se ha comprobado que la eliminación de alimentos alergénicos –como el chocolate, la leche, el trigo o el maíz– tiene el efecto de mejorar los problemas de conducta de algunos niños (Egger, Carter, Graham, Gumbley y Soothill, 1985).

Uno de los problemas de las dietas especiales es que resulta difícil determinar de antemano a quién habrán de beneficiar. Estas dietas también pueden ser difíciles de implementar, ya que requieren controlar toda la comida que ingiere el niño cada día. Pero si se cuenta con la aprobación y la voluntad del chico para seguirla, una dieta especial podría ser una buena medida a tomar en cuenta en determinados casos.

ESTRATEGIAS CONDUCTALES

El campo del ADD/ADHD ha proporcionado una amplia gama de técnicas, métodos, sistemas, programas, recursos y equipo basados en los principios de modificación de la conducta propuestos por Skinner (ADD Warehouse, 1998). Muchos de estos programas y estrategias son eficaces para modificar la conducta, pero la mayoría de ellos se aplica como una forma de control externo. Los adultos les dicen a los niños cuáles son las reglas a acatar, y luego los premian con calificaciones, alabanzas o privilegios, o bien los "castigan" haciéndoles "pagar multas" (malas notas, quita de privilegios). En estas situaciones, los alumnos tienen escasa intervención en el proceso global del cambio de conducta.

Los resultados de las investigaciones realizadas indican que los alumnos con diagnóstico de ADD/ADHD pueden sentirse frustrados, y comportarse peor, si se les quitan privilegios o se les bajan las notas (Douglas y Parry, 1994). Otras investigaciones muestran que estos niños podrían funcionar mejor cuando tienen algún control sobre su propio destino (Adelman, MacDonald, Nelson, Smith y Taylor, 1990; Powell y Nelson, 1997). Por consiguiente, sería mucho mejor aplicar estrategias conductales que *faculten internamente* a los alumnos, en lugar de controlarlos externamente.

Las estrategias conductales que aquí enumeramos –disciplina cooperativa, suspensión temporal solicitada por los alumnos y retroalimenación– tienen la finalidad de darles a los alumnos con diagnóstico de ADD/ADHD una mayor sensación de dominio sobre sus propias vidas, para ayudarlos a modificar su atención y su conducta. A estos efectos, se apoyan en el significado original de la palabra *disciplina*, que viene del término latín *discipulus*, es decir, "alumno". En esencia, no queremos que los alumnos modifiquen su conducta como robots, sino que lo hagan a través de la comprensión, la reflexión y el aprendizaje, para que puedan empezar a regular sus propias vidas.

Disciplina cooperativa

Cuando se aplica una forma cooperativa de disciplina, los alumnos tienen *intervención* en el establecimiento de las reglas a cumplir en clase y en la determinación de los premios y las "multas" que recibirán según cumplan o no esas reglas. En mi clase para niños identificados como con problemas de conducta, introduje un cambio por el que pasé de un sistema de premios de control externo a este método más cooperativo, durante un período de varios meses. Antes de implementar el nuevo sistema, nos pasábamos horas discutiendo las reglas de conducta y sus consecuencias. El proceso de cambio contribuyó a facultar de inmediato a los niños, al darles la oportunidad de reflexionar sobre su conducta y las consecuencias de ésta en cuanto a fomentar o impedir la armonía en el aula.

Los docentes que temen cederles el control a los alumnos en este tipo de situación no deberían tener miedo de hacerlo, ya que el docente conserva el derecho de veto sobre el sistema resultante (mis alumnos a menudo proponían castigos demasiado severos para los que incumplían las reglas, lo que en algunos casos era un reflejo de sus propias situaciones familiares abusivas). Pero en mi clase, los alumnos se sentían honrados de que sus voces se escucharan y sus aportes se tomaran en cuenta y se incorporaran al resultado final. Cuando el sistema cooperativo quedó implementado, los alumnos comenzaron de inmediato a transgredir las reglas, pero éstas eran sus reglas. Además, tenían que enfrentar consecuencias que *ellos mismos* habían contribuido a determinar. Por lo tanto, la clase de fricción o de lucha de poder que puede producirse entre alumno y docente a partir de un sistema de control externo, ya no existía. Los alumnos habían aprendido a vivir dentro de un sistema que ellos mismos habían creado.

Por más información sobre cómo crear sistemas disciplinarios para facultar, en lugar de controlar, a los alumnos, véanse Curwin y Mendlar (1989), Kohn (1996) y Nelsen (1996).

La suspensión temporal

Un buen ejemplo de una estrategia conductal que puede aplicarse ya sea como un control externo o como una forma de facultar internamente es el sistema de la suspensión temporal, por el cual (en la versión del control externo), se ordena a los alumnos que vayan a un área especial de la casa o del aula y se queden allí durante cierta cantidad de minutos. Este es el sitio de "la penitencia", o el rincón de la mecedora al que mandan a Daniel el Travieso en la tira cómica del suplemento dominical del diario.

La suspensión temporal es el componente clave de uno de los programas de modificación de la conducta más utilizados por los docentes y padres adherentes al paradigma del ADD/ADHD, llamado "1-2-3 ¡magia!" (Phelan, 1996). Cuando un niño se porta mal o "desobedece", el docente o el padre debe decirle: "eso es un 1". Si el chico sigue portándose mal o desobedeciendo, el docente deberá decirle: "eso es un 2". Por último, si el alumno no obedece, se le dirá: "eso es un 3, así que tómate 5". Y el alumno tendrá que pasar cinco minutos en un área de suspensión temporal.

El problema de este método, o de otros sistemas de suspensión temporal similares, es que los alumnos deben ir a un sitio donde hay muy poca estimulación (generalmente en una silla ubicada en un rincón vacío del aula) y simplemente quedarse allí esperando, sin nada que hacer. Algunos docentes les dicen a los alumnos que vayan al lugar de la suspensión temporal y "¡piensen!". Pero estas instrucciones generales rara vez sirven para darles a los alumnos un estímulo que los ayude a enmendar las faltas que han cometido. En vez de "pensar", lo más probable es que se dediquen a soñar despiertos, a refunfuñar por la injusticia de que han sido víctimas, a planear métodos de venganza, a revolverse en la silla, a arrojar bolitas de papel mascado a sus compañeros o a incurrir en otros tipos de mala conducta (con lo que podrían ganarse más tiempo en el rincón).

Zentall y Zentall (1983) sostienen que las áreas de suspensión temporal tradicionales no son las más adecuadas para satisfacer las necesidades de los alumnos con diagnóstico de ADD/ADHD, debido a que carecen de estímulos y, por consiguiente, no brindan la estimulación adicional que requieren muchos de estos niños para alcanzar su nivel óptimo de animación. Como consecuencia, estos niños se procuran su propia estimulación en el rincón de la suspensión temporal, de un modo que suele perturbar la actividad de la clase.

Nelsen y Glenn (1991) han propuesto un modo internamente facultador de utilizar la suspensión temporal como estrategia conductal. Recomiendan dejar que el niño decida cuándo es momento de ir al área de suspensión temporal. Sugieren que se le dé un cronómetro para que él pueda fijar y monitorear el tiempo que necesita para calmarse, e incluso que se le permita elegir el lugar de la suspensión temporal, al que se le dará un nombre especial que no tenga connotaciones punitivas (por ejemplo, el "espacio de tranquilidad", "el banco de suplentes" o "el sitio para centrarse").

A efectos de incorporar estímulos a dicho lugar, pueden emplearse algunos de los siguientes elementos:

- Libros y cintas grabadas para niños sobre temas relativos a la disciplina.

- Materiales para escribir y dibujar, de modo que puedan expresar creativamente sus propios sentimientos acerca de lo que sucedió.
- Juegos destinados a ayudar a los alumnos a aprender estrategias de autocontrol.

Una maestra le llamó a esta área "la oficina" y dejó que los niños la usaran para otros fines, además de la suspensión temporal, de manera que la asociaran con experiencias de aprendizaje positivas.

Así utilizada, la suspensión temporal puede ser una buena herramienta, no para castigar el incumplimiento de las reglas, sino para enseñar pautas de conducta nuevas y más constructivas.

Retroalimentación conductal

Muchos niños que se portan mal en la escuela tienen poca conciencia de sus actos o del modo en que esos actos afectan a quienes lo rodean. En estos casos, brindarle una retroalimentación inmediata sobre su conducta puede ser una técnica eficaz para responder a esa conducta de un modo que el niño pueda experimentar directamente. Veamos algunas maneras de implementar la retroalimentación conductal en el aula:

- Seleccione una conducta concreta (como "caerse" del pupitre) y cuente la cantidad de veces que un alumno incurre en ella durante el día. Al final de la jornada, déle al alumno una nota con esa información (por ejemplo, "Hoy te caíste del pupitre cinco veces"). Asegúrese de no agregar ningún comentario. Hágalo durante varios días. Una vez que el alumno se acostumbró a esta técnica, haga que él mismo lleve la cuenta de su propia conducta.
- Saque una foto, o haga una grabación de video o de audio, que capte la conducta molesta mientras ocurre. Luego muéstresela al alumno sin emitir juicio al respecto (y sin que los demás alumnos lo vean). O haga un video del niño eliminando las conductas indeseables de modo que sólo se vean los tipos de conducta que usted quiere que tenga. Luego muéstreselo al alumno (Walther y Beare, 1991; Woltersdorf, 1992).

- Cambie de lugar con el alumno, de modo que él se siente en el escritorio del maestro y usted en el pupitre del niño. Luego imite algunas de las conductas problemáticas del alumno (también en este caso, es preferible hacerlo sin que lo vea el resto de la clase). Hable con el alumno acerca de qué le parece ver su propia conducta desde el punto de vista del docente.

Es importante emplear estas técnicas de retroalimentación sin emitir juicios ni hacer burlas. Evite complementar la retroalimentación con un largo sermón sobre la buena conducta, o con admoniciones acerca de cómo comportarse en forma apropiada. El solo hecho de proporcionarles a los alumnos esta información directa equivale a preguntarles: "¿así es cómo deseas que te vea el mundo?".

ESTRATEGIAS BIOLÓGICAS

Los docentes podrían preguntarse qué tipos de estrategias biológicas será posible emplear en el aula. Sin duda, lo primero que nos viene a la mente al respecto son las medicaciones psicoactivas, como la Ritalina, que caen fuera del dominio del docente y dentro del campo del médico. Las menciono aquí, de todos modos, porque efectivamente representan otro conjunto de herramientas que pueden usarse para ayudar a los niños en situaciones como las siguientes:

- Niños cuyos problemas son de índole particularmente biológica (por ejemplo, cuando han sufrido un daño cerebral específico debido a una enfermedad o un accidente).
- Niños en crisis conductales agudas, con síntomas crónicos persistentes que requieren una intervención inmediata (McGuinness, 1985, pág. 229; Turecki, 1989, pág. 231).
- Niños con los que se han probado intervenciones no médicas sin obtenerse resultados positivos (Academia Americana de Pediatría, 1987).

Al mismo tiempo, quiero señalar que existen otras intervenciones biológicas que los docentes pueden aplicar en las escuelas (o sugerirles a los padres). Estas intervenciones no implican el uso de drogas, pero tienen un efecto biológico positivo. La principal de esas estrategias tiene que ver con la alimentación (comentada en las páginas 107 y 108). Vista en el contexto apropiado, la comida de hecho representa una amplia gama de "drogas" que ingerimos a diario sin correr riesgos. El conocimiento del modo en que diferentes alimentos afectan al cerebro nos permitirá entender cómo podemos ayudar a mejorar la composición química de la conducta del niño.

También podría considerarse que la mayoría de las demás intervenciones propuestas en este libro tienen un efecto potencialmente positivo sobre la integridad psicobiológica del niño. Los estudios del cerebro están dando crecientes pruebas del efecto que tiene el medio ambiente sobre el cerebro en desarrollo (Diamond y Hopson, 1998), lo que pone cada vez más en evidencia que todo lo que utiliza el docente en el aula –computadora, música, actividades manuales, aprendizaje cooperativo, pensamiento visual, inter- pretación de roles o cualquiera de las demás ideas propuestas en este libro y en otros– tiene su propio efecto sobre el cerebro del niño, al crear nuevas conexiones neuronales y enriquecer la composición neuroquímica del niño también de otras maneras (Jensen, 1998; Sylwester, 1995).

Epílogo

Estamos llegando al final de este libro y creo que es el momento indicado para hacer algunos comentarios generales. En primer lugar, parecería que a pesar de las muchas incoherencias y anomalías que aquí he marcado, el paradigma del ADD / ADHD no da señales de estar por ceder su lugar al paradigma de base más amplia que he propuesto en el curso de estas páginas. De hecho, parece estar ocurriendo todo lo contrario. El ADD / ADHD está siendo crecientemente utilizado para explicar las dificultades de los niños, así como toda nuestra cultura se está volviendo cada vez más proclive a reducir prácticamente todos los aspectos de la vida humana a los factores genéticos y al movimiento de impulsos químicos y eléctricos en el cerebro.

Como indiqué al final del capítulo 3, el cerebro es ciertamente importante para todo lo que hacemos, ¡y lo llevamos con nosotros a donde quiera que vamos! Pero considerarlo como el punto fijo en torno al cual gira todo lo demás (como un equivalente neurológico del paradigma medieval "centrado en la Tierra" que postulaba Ptolomeo) constituye, a mi entender, una visión limitada. Lo que estoy proponiendo en este libro es algo así como un cambio copernicano en nuestra actitud hacia los niños que tienen problemas para prestar atención y para comportarse bien. Propongo que consideremos lo biológico, no como el centro del universo, sino como uno de los varios "planetas" que giran en la órbita de un cuerpo solar, que en mi metáfora está representado por el niño en su totalidad, por el "niño radiante" que es la principal fuente de energía natural de la humanidad.

Es interesante observar que en algunas de las perspectivas que no incluí en este libro, el niño rotulado como hiperactivo o con ADD es visto en forma positiva, como un alma intensa o un espíritu que procura expresarse dentro de la estructura penosamente limitada de un cuerpo humano o de un sistema social asfixiante (véanse Hartmann, 1997; Hillman, 1997; Inayat Khan, 1960; Steiner, 1974). Me gustaría concluir dejándoles la idea de que estos niños a los que hemos catalogado como pacientes con ADD o ADHD representan, en realidad, una importante fuente de energía que actualmente podría ser como una luz que se escapa de un cuarto oscuro, o un rayo láser descontrolado que causa estragos, o un experimento de fusión nuclear fuera de cauce, pero que bien entendida, fomentada y encauzada podría realmente iluminar nuestro mundo.

Bibliografía

Abikoff, H. (1985): "Efficacy of cognitive training interventions in hyperactive children: A critical review", *Clinical Psychology Review, 5* (5), 479-512.

Abikoff, H. y Gittelman, R. (1985): "The normalizing effects of methylphenidate on the classroom behavior of ADD-H children", *Journal of Abnormal Child Psychology, 13* (1), 33-44.

ADD Warehouse (1998): *Catalog,* Plantation, FL, ADD Warehouse.

Adelman, H. S.; MacDonald, V. M.; Nelson, P.; Smith, D. C. y Taylor, L. (1990): "Motivational readiness and the participation of children with learning and behavior problems in psychoeducational decision making", *Journal of Learning Disabilities, 23* (3), 171-176.

Alexander, J. (1990): "Hyperactive children: Which sports have the right stuff?", *The Physician and Sportsmedicine, 18,* 106, abril.

Allender, J. S. (1991): *Imagery in teaching and learning,* Nueva York, Praeger.

American Academy of Pediatrics (1987): "Medication for children with an attention deficit disorder", *Pediatrics, 80,* 758, noviembre.

American Psychiatric Association (1994): *Diagnostic and statistical manual of mental disorders (DSM-IV),* Washington, DC, American Psychiatric Press.

Ames, L.B. (1985): "Learning disability–very big around here", *Research Communications on Psychology, Psychiatry, and Behavior, 10* (142), 17-34.

Armstrong, T. (1987a): "Describing strengths in children identified as 'learning disabled' using Howard Gardner's theory of multiple intelligences and an organizing framework", *Dissertation Abstracts International, 48,* 08A (University Microfilms Nº 87-25, 844).

— (1987b): *In their own way: Discovering and encouraging your child's personal learning style,* Nueva York, Tarcher/Putnam.

— (1988): "Learning differences–not disabilities", *Principal, 68* (1), 34-36.

— (1994): *Multiple intelligences in the classroom*, Alexandria, VA, Association for Supervision and Curriculum Development.

— (1997): *The myth of the ADD child: 50 ways to improve your child's behavior and attention span without drugs, labels, or coercion*, Nueva York, Plume.

Arnsten, A. F. T. (1999): "Development of the cerebral cortex: XIV. Stress impairs prefrontal cortical funtion", *Journal of the American Academy of Child and Adolescent Psychiatry, 38* (2), 220-222.

Barker, J. A. (1993): *Paradigms: The business of discovering the future*, Nueva York, Harperbusiness.

Barkley, R. (1990): *Attention deficit hyperactive disorder: A handbook for diagnosis and treatment*, Nueva York, Guilford Press.

— (1995): *Taking charge of ADHD: The complete, authoritative guide for parents*, Nueva York, Guilford Press.

Begley, S. (1996): "Holes in those genes", *Newsweek*, 57, 15 de enero.

Bender, R. L. y Bender, W. N. (1996): *Computer-assisted instruction for students at risk for ADHD, mild disabilities, or academic problems*, Needham Haights, MA, Allyn & Bacon.

Benson, H. y Klipper, M. Z. (1990): *The relaxation response*, Nueva York, Avon.

Berk, L. E. y Landau, S. (1993): "Private speech of learning disabled and normally achieving children in classroom academic and laboratory contexts", *Child Development, 64* (2), 556-571.

Berk, L. E. y Potts, M. (1991): "Development and funcional significance of private speech among attention-deficit hyperactivity disordered and normal boys", *Journal of Abnormal Child Psychology, 19* (3), 357-377.

Berke, R. L. (1992): "Sounds bites grow at CBS, then vanish", *The New York Times*, 11 de julio, p. L7.

Berlin, E. (1989): "Michael's orchestra", *Ladies Home Journal*, octubre, p. 108.

Berthrong, J. H. (1994): *All under Heaven: Transforming paradigms in Confucian-Christian dialogue*, Nueva York, SUNY Press.

Biederman, J.; Newcorn, J. y Sprich, S. (1991): "Comorbidity of attention deficit hyperactivity disorder with conduct, depressive, anxiety, and other disorders", *American Journal of Psychiatry, 148* (5), 564-577.

Biederman, J.; Milberger, S.; Faraone, S.V.; Kiely, K.; Guite, J.; Mick, E.; Ablon, S.; Warburton, R. y Reed, E. (1995): "Family-environment risk factors for attention-deficit hyperactivity disorder", *Archives of General Psychiatry, 52*, 464-469.

Blakeslee, S. (1997): "Some biologists ask 'Are genes everything?'", *The New York Times*, 2 de septiembre, pp. B1, B13.

Block, G. (1977): "Hyperactivity: A cultural perspective", *Journal of Learning Disabilities, 10* (4), 48-52.

Bonny, H. y Savary, L. M. (1990): *Music and your mind*, Barrytown, NY, Station Hill Press.

Braswell, L.; Bloomquist, M. y Pederson, S. (1991): *ADHD: A guide to understanding and helping children with attention deficit hyperactivity disorder in school settings*, Minneapolis, University of Minessota.

Breggin, P. (1998): *Talking back to Ritalin: What doctors aren't telling you about stimulants for children*, Monroe, ME, Common Courage Press.

Brooks, R. B. (1992): "Fostering self-esteem in children with ADD: The search for islands of competence", *CHADDER*, otoño-invierno, 12-15.

— (1994): "Children at risk: Fostering resilience and hope", *American Journal of Orthopsychiatry, 64* (64), 545-553.

Budd, L. (1993): *Living with the active alert child: Groundbreaking strategies for parents*, Seattle, WA, Parenting Press.

Callan, R. J. (1997-1998): "Giving students the (right) time of day", *Educational Leadership, 55*, diciembre de 1997-enero de 1998, 84-87.

Cameron, J. (1978): "Parental treatment, children's temperament, and the risk of childhood behavioral problems", *American Journal of Orthopsychiatry, 48* (1), 140-141.

Campbell, L.; Campbell, B. y Dickinson, D. (1996): *Teaching and learning through multiple intelligences*, Needham Heights, MA, Allyn y Bacon. [Ed. cast.: *Inteligencias múltiples. Usos prácticos para la enseñanza y el aprendizaje*, Buenos Aires, Troquel, 2000.]

Carlson, E. A.; Jacobvitz, D. y Stroufe, L. A. (1995): "A developmental investigation of inattentiveness and hyperactivity", *Child Development, 66* (1), 37-54.

Cartwright, S. A. (1851): "Report on the diseases and physical peculiarities of the Negro race", *The New-Orleans Medican and Surgical Journal, 7*, mayo, 691-716.

Castellanos, F. X.; Lau, E.; Tayebi, N.; Lee, P.; Long, R. E.; Giedd, J. N.; Sharp, W.; Marsh, W. L.; Walter, J. M.; Hamburger, S. D.; Ginns, E. I.; Rapoport, J. L. y Sidranskyl, E. (1988): "Lack of an association between a dopamine-4 receptor polymorphism and atention-deficit/hyperactivity disorder: Genetic and brain morphometric analyses", *Molecular Psychiatry, 3* (5), 431-434.

Ceci, S.J. y Tishman, J. (1984): "Hyperactivity and incidental memory: Evidence for attention diffusion", *Child Development, 55* (6), 2192-2203.

CHADD (1994): "Attention deficit disorders: An educator's guide", *CHADD Facts 5*, Plantation, FL, CHADD.

Chess, S. y Thomas, A. (1996): *Temperament: Theory and practice*, Nueva York, Brunner/Mazel.

Christensen, A.; Phillips, S.; Glasgow, R. E. y Johnson, S. M. (1983): "Parental characteristics and interactional disfunction in families with child behavior problems: A preliminary investigation", *Journal of Abnormal Child Psychology, 11* (1), 153-166.

Coat, T. (1982): "Can running help troubled kids?", *The San Diego Tribune*, 13 de enero, p. A1.

Cohen, M. W. (1997): *The attention zone: A parent's guide to attention deficit/hyperactivity disorder*, Nueva York, Brunner-Mazel.

Cohen, S.; Evans, G. W.; Krantz, D. S.; Stokols, D. y Kelly, S. (1981): "Aircraft noise and children: Longitudinal and cross-sectional evidence on adaptation to noise and the effectiveness of noise abatement", *Journal of Personality and Social Psychology, 40*, 331-345.

Conners, C. K. (1989): *Feeding the brain: How foods affect children*, Nueva York, Plenum.

Corrigall, R. y Ford, T. (1996): "Methylplhenidate euphoria", *Journal of the American Academy of Child and Adolescent Psychiatry, 35* (1), 1421.

Conrad, P. (1975): "The discover of hyperkinesis: Notes on the medicalization of deviant behavior", *Social Problems, 23* (1), 12-21.

Cowart, V. S. (1988): "The Ritalin controversy: What's made this drug's opponents hyperactive?", *Journal of the American Medical Association, 259* (17), 2521-2523.

Cramond, B. (1994): "Attention-deficit hyperactivity disorder and creativity: What is the connection?", *Journal of Creative Behavior, 28* (2), 193-210.

Cripe, F. F. (1986): "Rock music as therapy for children with attention deficit disorder: An exploratory study", *Journal of Music Therapy, 23* (1), 30-37.

Cruickshank, W. M. (1975): "The learning environment", en W.M. Cruickshank y D. P. Hallahan (comps.), *Perceptual and learning disabilities in children: Vol. 1. Psychoeducational practices*, Syracuse, NY, Syracuse University Press.

Curwin, R. L. y Mendler, A. N. (1989): *Discipline with dignity*, Alexandria, VA, Association for Supervision and Curriculum Development.

Dang, T. T. (1994): *Beginning t'ai chi*, Nueva York, Charles Tuttle.

Davidson, P. (1996): *Super source for Cuisenaire Rods*, White Plains, NY, Cuisenaire Company of America.

Diamond, M. y Hopson, J. (1998): *Magic trees of the mind*, Nueva York, Dutton.

Diller, L. H. (1998): *Running on Ritalin: A physician reflects on children, society, and performance in a pill*, Nueva York, Bantam/Doubleday/Dell.

Diller, L. H. y Tanner, J. (1996): "Etiology of ADHD: Nature or nurture?, *American Journal of Psychiatry, 153* (3), 451-452.

Divoky, D. (1989): "Ritalin: Education's fix-it drug?", *Phi Delta Kappan, 70* (8), 599-605.

Dolnick, E. (1992): "Snap out of it!", *San Francisco Chronicle*, 19 de abril, p. 9.

Douglas, V. I. y Parry, P. A. (1994): "Effects of reward and noreward on frustration and attention in attention deficit disorder", *Journal of Abnormal Child Psychology, 22* (3), 281-301.

Dreikurs, R. y Stoltz, V. (1964): *Children the challenge*, Nueva York, Hawthorne.

Druckman, D. y Swets, J. A. (comps.) (1988): *Enhancing human performance: Issues, theories, and techniques*, Washington, DC, National Academy Press.

Drug Enforcement Administration (1995): *Methylphenidate: A background paper*, Washington, DC, U.S. Department of Justice, octubre.

Duckworth, E. (1979): "Either we're too early and they can't learn it or we're too late and they know it already: The dilemma of applying Piaget", *Harvard Educational Review, 49* (3), 297-312.

Dunn, F. M. y Howell, R. J. (1986): "Relaxation training and its relationship to hyperactivity in boys", *Journal of Clinical Psychology, 38* (1), 92-100.

DuPaul, G. J. y Henningson, P. N. (1993): "Peer tutoring effects on the classroom performance of children with attention deficit hyperactivity disorder", *School Psychology Review, 22* (1), 134-143.

Dyment, P. G. (1990): "Hyperactivity, stimulants, and sports", *The Physician and Sportsmedicine, 18* (4), 22.

Dyson, A. H. (1987): "The value of 'Time off task'": Young children's spontaneous talk and deliberate text", *Harvard Educational Review, 57* (4), 396-420.

Eddowes, E. A.; Aldridge, J. y Culpepper, S. (1994): "Primary teacher's classroom practices and their perceptions of children's attention problems", *Perceptual and Motor Skills, 79* (2), 787-790.

Egger, J.; Carter, C. M.; Graham, P. J.; Gumley, D. y Soothill, J. M. (1985): "Controlled trial of oligoantigenic treatment in the hyperkinetic syndrome", *The Lancet, 1* (8428), 540-545.

Egger, J.; Stolla, A. y McEwen, L. M. (1992): "Controlled trial of hyposensitisation in children with food-induced hyperkinetic syndrome", *The Lancet, 339* (8802), 9 de mayo, 1150-1153.

Elkind, D. (1981): *The hurried child: Growing up too fast too soon*, Reading, MA, Addison-Wesley.

— (1984): *All grown up and no place to go: Teenagers in crisis*, Reading, MA, Addison-Wesley.

— (1988): *Miseducation: Preschoolers at risk*, Nueva York, Alfred A. Knopf.

Elmer-DeWitt, P. (1990): "Why junior won't sit still", *Time,* 26 de noviembre, 59.

Erikson, E. (1977): *Toys and reasons*, Nueva York, W. W. Norton.

Ernst, M.; Liebenauer, L. L.; King, A. C.; Fitzgerald, G. A.; Cohen, R. M. y Zametkin, A. J. (1994):"Reduced brain metabolism in hyperactive girls", *Journal of the American Academy of Child and Adolescent Psychiatry, 33* (6), 858-868.

Fehlings, D. L.; Roberts, W.; Humphries, T. y Dawes, G. (1991): "Attention deficit hyperactivity disorder: Does cognitive behavioral therapy improve home behavior?", *Journal of Developmental and Behavioral Pediatrics, 12* (4), 223-228.

Feingold, B. (1974): *Why your child is hyperactive*, Nueva York, Random House.

Fiore, T. A. y Becker, E. A. (1994): *Promising classroom interventions for students with attention deficit disorder*, Research Triangle Park, NC, Center for Research in Education.

Fleisher, L. S.; Soodak, L. C. y Jelin, J. A. (1985): "Selective attention deficits in learning disabled children: Analysis of the data base", *Exceptional Children, 51* (2), 136-141.

Ford, M. J.; Poe, V. y Cox, J. (1993): "Attending behaviors of ADHD children in math and reading using various types of software, *Journal of Computing in Childhood Education, 4* (2), 183-196.

Foster, W. (1986): *Paradigms and promises: New approaches to educational administration*, Nueva York, Prometheus.

Freed, J. y Parsons, L. (1998): *Right-brained children in a left-brained world: Unlocking the potential of your ADD child*, Nueva York, Fireside.

Fuller, R.; Walsh, P. N. y McGinley, P. (comps.) (1997): *A century of psychology: Progress, paradigms and prospects for the new millennium*, Nueva York, Routledge.

Furman, R. (1996): "Correspondence", *Journal of Child Psychotherapy, 22* (1), 157-160.

Gallas, K. (1994): *The languages of learning: How children talk, write, dance, draw and sing their understanding of the world*, Nueva York, Teachers College Press.

Galvin, M. (1988): *Otto learns about his medicine*, Nueva York, Brunner/Mazel.

Garber, S. W.; Garber, M. D. y Spizman, R. F. (1997): *Beyond Ritalin: Facts about medication and other strategies for helping children, adolescents, and adults with attention deficit disorders*, Nueva York, Harper Collins.

Gardner, H. (1983): *Frames of mind: The theory in practice*, Nueva York, Basic Books.

Gehret, J. (1991): *Eagle eye: A child's guide to paying attention*, Fairport, NY, Verbal Images Press.

Gibbs, N. (1998): "The age of Ritalin", *Time, 152*, 28 de noviembre, 88-96.

Giedd, J. N.; Castellanos, F. X.; Casey, B. J.; Kozuch, P.; King, A. C.; Hamburger, S. D. y Rapoport, J. L. (1994): "Quantitative morphology of the corpus callosum in attention deficit hyperactivity disorder", *American Journal of Psychiatry, 151* (5), mayo, 665-669.

Glasser, W. (1975): *Schools without failure*, Nueva York, Harper Collins.

Glasser, W. y Dotson, K. L. (1998): *Choice theory in the classroom*, Nueva York, Harper Perennial.

Glusker, A. (1997): "Deficit selling", *The Washington Post Magazine, 13-16*, 30 de marzo, 25-27.

Goertzel, V. y Goertzel, M. G. (1962): *Cradles of eminence*, Boston, Little, Brown y Co.

Goldenberg, I. y Goldenberg, H. (1980): *Family therapy: An overview* (3ª ed.), Monterey, CA, Brooks-Cole.

Goldman, L. S.; Genel, M.; Bezman, R. J. y Slanetz, P. J. (1998): "Diagnosis and treatment of attention-deficit/hyperactivity disorder in children and adolescents, *Journal of the American Medical Association, 279* (14), 8 de abril, 1100-1107.

Goleman, D. (1996): *The meditative mind: Varieties of meditative experience*, Nueva York, Tarcher/Putnam.

Goodman, G. y Poillion, M. J. (1992): ADD: "Acronym for any dysfunction or difficulty", *The Journal of Special Education, 26* (1), 37-56.

Gordon, M. (1995): "Certainly not a fad, but it can be over-diagnosed", *Attention!*, otoño, 20-22.

Gould, S. J. (1975): "The child as man's real father", *Natural History, 84* (5), 18-22.

—— (1981): *The mismeasure of man*, Nueva York, Norton.

Green, C. y Chee, K. (1998): *Understanding ADHD: Attention deficit hyperactivity disorder*, Nueva York, Fawcett.

Greenspan, S. (1996): *The challenging child: Understanding, raising, and enjoying the five difficult types of children*, Nueva York, Perseus Press.

Grinspoon, L. y Singer, S. B. (1973): "Amphetamines in the treatment of hyperkinetic children", *Harvard Educational Review, 43* (4), 515-555.

Griss, S. (1998): *Minds in motion: A kinesthetic approach to teaching elementary curriculum*, Portsmouth, NH, Heinemann.

Guevremont, D. (1990): "Social skills and peer relationship training", en R. Barkley (comp.), *Attention deficit hyperactivity disorder: A handbook for diagnosis and treatment*, Nueva York, Guilford Press.

Haggerty, B. (1995): *Nurturing intelligences: A guide to multiple intelligences theory and teaching*, Menlo Park, CA, Addison-Wesley.

Hales, D. y Hales, R. E. (1996): "Finally, I know what's wrong", *Parade Magazine*, 7 de enero, 10-11.

Hallowell, E. M. y Ratey, J. J. (1994a): *Driven to distraction*, Nueva York, Pantheon.

— (1994b): *Answers to distraction*, Nueva York, Pantheon.

Hamlett, K. W.; Pellegrini, D. S. y Conners, C. K. (1987): "An investigation of executive processes in the problem-solving of attention deficit disorder-hyperactive children", *Journal of Pediatric Psychology, 12* (2), 227-240.

Hancock, L. (1996): "Mother's little helper", *Newsweek, 127*, 18 de marzo, 50-59.

Hannaford, C. (1995): *Smart moves: Why learning is not all in your head*, Arlington, VA, Great Ocean.

Harris, M. J., Milisch, R., Corbitt, E. M., Hoover, D. W. y Brady, M. (1992): "Self-fulfilling effects of stigmatizing information of children's social interactions", *Journal of Personality and Social Psychology*, 63 (1), 41-50.

Hartmann, T. (1997): *Attention deficit disorder: A different perception*, Grass Valley, CA, Underwood Books.

Hartocollis, A., (1998): "Federal officials say study shows racial bias in special-education placement", *The New York Times*, 21 de noviembre, p. A13.

Hauser, P.; Zametkin, A. J.; Martinez, P.; Vitiello, B.; Matochik, J. A.; Mixson, A. J. y Weintraub, B. D. (1993): "Attention deficit-hyperactivity disorder in people with generalized resistance to thyroid hormone", *New England Journal of Medicine*, 328 (14), 997-1001.

Healy, J. (1991): *Endangered minds: Why our children don't think*, Nueva York, Touchstone.

—— (1998): *Failure to connect: How computers affect our children's minds –for better and worse...*, Nueva York, Simon y Schuster.

Heilveil, I. y Clark, D. (1990): *Personality correlates of attention deficit hyperactivity disorder*, trabajo presentado en la Convención Anual de la American Psychological Association, Boston, MA. (ERIC ED 331269)

Hersey, J. (1996): *Why can't my child behave?*, Alexandria, VA, Pear Tree Press.

Heusmann, L. R. y Eron, L. D. (comps.) (1986): *Television and the aggressive child: A cross-national comparison*, Hillsdale, NJ, Lawrence Erlbaum.

Hill, J. C. y Schoener, D. P. (1996): "Age-dependent decline of attention deficit hyperactivity disorder", *American Journal of Psychiatry*, 154 (9), 1323-1325.

Hillman, J. (1997): *The soul's code: In search of character and calling*, Nueva York, Warner Books.

Hobbs, N. (1975): *The futures of children*, San Francisco, Jossey-Bass.

Houston, J. (1982): *The possible human*, Nueva York, Tarcher/Putnam.

Hubbard, R. y Wald, E. (1993): *Exploding the gene myth*, Boston, Beacon Press.

Illich, I. (1976): *Medical nemesis*, Nueva York, Bantam.

Inayat Khan (1960): *The Sufi message of Hazrat Inayat Khan*, Londres, Barrie y Jenkins.

Ingersoll, B. D. (1988): *Your hyperactive child: A parent's guide to coping with attention deficit disorder*, Nueva York, Doubleday.

—— (1995): "ADD: Not just another fad", *Attention!*, otoño, 17-19.

Ingersoll, B. D. y Goldstein, S. (1993): *Attention deficit disorder and learning disabilities: Realities, myths, and controversial treatments*, Nueva York, Doubleday.

Iyengar, B. K. S. (1995): *Light on yoga*, Nueva York, Schocken Books.

Jacob, R. G., O'Leary, K. D. y Rosenblad, C. (1978): "Formal and informal classroom settings: effects on hyperactivity", *Journal of Abnormal Child Psychology*, 6 (1), 47-59.

Jensen, E. (1998): *Teaching with the brain in mind*, Alexandria, VA, Association for Supervision and Curriculum Development.

Johnson, T. M. (1997): "Evaluating the hyperactive child in your office: Is it ADHD?", *American Family Psyician*, 56 (1), julio, 155-160.

Jung, C. G. (1981): *The development of personality*, Princeton, NJ, Princeton University Press.

Kaplan, B. J., McNicol, J., Conte, R. A. y Moghadam, H. K. (1989): "Dietary replacement in preschool-aged hyperactive boys", *Pediatrics*, *83*, enero, 7-17.

Klein, R. G. y Mannuzza, S. (1991): "Long-term outcome of hyperactive children: A review", *Journal of the American Academy of Child and Adolescent Psychiatry*, 30 (3), 383-387.

Kohn, A. (1996): *Beyond discipline: From compliance to community*, Alexandria, VA, Association for Supervision and Curriculum Development.

Kolata, G. (1990): "Hyperactivity is linked to brain abnormality", *The New York Times*, 15 de noviembre, p. A1.

Kolko, D. J., Loar, L. L. y Sturnick, D. (1990): "Inpatient social-cognitive skills training groups with conduct disordered and attention deficit disordered children", *Journal of Child Psichology & Psychiatry & Allied Disciplines*, 31 (5), 737-748.

Kratter, J. y Hogan, J. D. (1982): *The use of meditation in the treatment of attention deficit disorder with hyeractivity*, American Psychological Association (ERIC ED 232-787).

Krechevsky, M. (1991): "Project spectrum: An innovative assessment alternative", *Educational Leadership*, *48*, febrero, 43-49.

Kuhn, T. S. (1970): *The structure of scientific revolutions* (2ª ed.), Chicago, University of Chicago Press. [Ed. cast.: *La estructura de las revoluciones científicas*, Madrid, Fondo de Cultura Económica de España, 2000.]

Kurcinka, M. (1992): *Raising your spirited child*, Nueva York, Harper Perennial.

La Hoste, G. J.; Swanson, J. M.; Wigal, S. B.; Glabe, C.; Wigal, T.; King, N. y Kennedy, J. L. (1996): "Dopamine D4 receptor gene polymorphism is associated with attention deficit hyperactivity disorder", *Molecular Psychiatry*, *1*, 121-124.

Landau, S.; Lorch, E. P. y Milich, R. (1992): "Visual attention to and comprehension of television in attention-deficit hyperactivity disordered and normal boys", *Child Development*, *63*, 928-937.

Lazear, D. (1991): *Seven ways of knowing: Teaching for multiple intelligences*, Palatine, IL, Skylight.

— (1993): *Seven pathways of learning: Teaching students and parents about multiple intelligences*, Tucson, AZ, Zephyr Press.

— (1994): *Multiple intelligence approaches to assessment: Solving the assessment conundrum*, Tucson, AZ, Zephyr Press.

Lee, S. W. (1991): "Biofeedback as a treatment for childhood hyperactivity: A critical review of the literature", *Psychological Reports, 68* (1), 163-192.

Levine, M. (1992): *All kinds of minds*, Cambridge, MA, Educators Publishing Services.

Lingerman, H. A. (1995): *The healing energies of music*, Wheaton, IL, Quest.

Linn, R. T. y Hodge, G. K. (1982): "Locus of control in childhood hyperactivity", *Journal of Consulting and Clinical Psychology, 50* (4), 592-593.

Locher, P. J. (1995): "Use of haptic training to modify impulse and attention control deficits of learning disabled children", *Journal of Learning Disabilities, 18* (2), 89-93.

Long, P. y Bowen, J. (1995): *Teaching students to take control of their learning*, trabajo presentado en el Congreso Internacional de la *Learning Disabilities Association*, Orlando, FL (ERIC ED381989).

Lowenfeld, V. (1987): *Creative and mental growth* (8ª ed.), Nueva York, Macmillan.

Lozanov, G. (1978): *Suggestology and outlines of suggestopedy*, Nueva York, Gordon & Breach.

Lubar, J. y Lubar, J. F. (1984): "Electroencephalographic biofeedback of SMR and beta for treatment of attention deficit disorders in a clinical setting", *Biofeedback and Self Regulation, 9* (1), 1-23.

Lynn, R. (1979): *Learning disabilities: An overview of theories, approaches, and politics*, Nueva York, The Free Press.

Machan, D. (1996): "An agreeable affliction", *Forbes*, 12 de agosto, 148-151.

Malhatra, A. K.; Virkkunen, M.; Rooney, W.; Eggert, M.; Linnoila, M. y Goldman, D. (1996): "The association between the dopamine D4 receptor (D4DR) 16 amino acid repeat polymorphism and novelty seeking", *Molecular Psychiatry, 1* (5), 388-391.

Mann, D. (1996): "Serious play", *Teachers College Record, 97* (3), 116-169.

Mann, E. M.; Ikeda, Y.; Mueller, C. W.; Takahashi, A.; Tao, K. T.; Humris, E.; Li, B. L. y Chin, D. (1992): "Cross-cultural differences in rating hyperactive-disruptive behaviors in children", *American Journal of Psychiatry, 149* (11), 1539-1542.

Manning, A. (1955): "'90's teens find a new high by abusing Ritalin", *USA Today*, 14 de marzo, p. D1.

Manuzza, S.; Klein, R. G.; Bessler, A.; Malloy, P. y La Padula, M. (1993): "Adult outcome of hyperactive boys, *Archives of General Psychiatry, 50*, 567-576.

Margulies, N. (1991): *Mapping inner space: Learning and teaching mind mapping*, Tucson, AZ, Zephyr Press.

Markowitz, N. (1986): "David was always on the move", *Learning, 15* (3), octubre, 53-54.

Maugh, T. H. (1996): "Gene is a factor in hyperactivity, researchers say", *The Los Angeles Times*, Home Edition, Parte A, 1 de mayo.

McBurnett, K.; Lahey, B. B. y Pfiffner, L. J. (1993): "Diagnosis of attention deficit disorders in DSM-IV: Scientific basics and implications for education", *Exceptional Children, 60* (2), 107-117.

McGee, R. y Share, D. L. (1988): "Attention deficit disorder-hyperactivity and academic failure: Which comes first and what should be treated?", *Journal of the American Academy of Child and Adolescent Psychiatry, 27* (3), 318-325.

McGoldrick, M. N. y Gerson, R. (1986): *Genograms in family assessment*, Nueva York, W. W. Norton.

McGuinness, D. (1985): *When children don't learn*, Nueva York, BasicBooks.

— (1989): "Attention deficit disorder: The emperor's clothes, animal 'pharm' and other fiction", en S. Fisher y R. P. Greenberg (comps.), *The limits of biological treatments for psychological distress*, Hillsdale, NJ, Lawrence Erlbaum, pp. 151-183.

Milich, R. y Okazaki, M. (1991): "An examination of learned helplessness among attention-deficit hyperactivity disordered boys", *Journal of Abnormal Child Psychology, 19* (15), 607-623.

Millman, P. G. (1984): "The effects of computer-assisted instruction on attention deficits, achievement, and attitudes of learning-disabled children", *Dissertation Abstracts International, 45*, 3114 A.

Montagu, A. (1983): *Growing young*, Nueva York, McGraw-Hill.

Moses, S. (1990a): "Hypotheses on ADHD debated at conference", *APA Monitor, 34*, febrero.

—— (1990b): "Unusual coalition nixes inclusion of ADD in bill", *APA Montior, 37*, noviembre.

——(1991): "Letter on ADD kids gets mixed reactions", *APA Monitor, 36-37*, diciembre.

Moses-Zirkes, S. (1992): "Path to kindergarten can be teacherous", *APA Monitor, 52*, octubre.

Moss, R. A. (1990): *Why Johnny can't concentrate: Coping with attention deficit problems*, Nueva York, Bantam.

Mulligan, S. (1996): "An analysis of score patterns of children with attention disorders on the sensory integration and praxis tests", *American Journal of Occupational Therapy, 50* (8), 647-654.

Murdock, M. (1989): *Spinning inward: Using guided imagery with children for learning creativity, and relaxation*, Boston, Shambhala.

Napier, A. Y. y Whitaker, C. (1988): *The family crucible: The intense experience of famility therapy*, Nueva York, Harper Perennial.

Nathan, W. A. (1992): "Integrated multimodal therapy of children with attention-deficit hyperactivity disorder", *Bulletin of the Menninger Clinic*, 56 (3), 2383-311.

Nelsen, J. (1996): *Positive discipline*, Nueva York, Ballantine.

Nelsen, J. y Glenn, H. S. (1991): *Time out*, Fair Oaks, CA, Sunrise Press.

Neumann, E. (1971): *Art and the creative unconscious: Four essays*, Princeton, NJ, Princeton University Press.

Nylund, D. y Corsiglia, V. (1997): "From deficits to special abilities: Working narratively with children labeled ADHD", en M. F. Hoyt (comp.), *Constructive therapies*, Nueva York, Guilford Press, pp. 163-183.

Oaklander, V. (1978): *Windows to our children*, Moab, UT, Real People Press.

Olds, A. R. (1979): "Designing developmentally optimal classrooms for children with special needs", en S. J. Meisels (comp.), *Special education and development*, Baltimore, University Park Press, pp. 91-138.

Omizo, M.M. (1981): "Relaxation training and biofeedback with hyperactive elementary school children", *Elementary School Guidance and Counseling, 15* (4), abril, 329-333.

O'Neill, J. (1994): "Looking at art through new eyes", *Curriculum Update*, enero, pp. 1, 8.

Orlick, T. (1982): *Second cooperative sports and games book*, Nueva York, Pantheon.

Osguthorpe, R. T. (1985): "Trading places: Why disabled students should tutor non-disabled students", *The Exceptional Parent, 15* (15), septiembre, 41-48.

Palladino, J. (1997): *The Edison trait: Saving the spirit of your nonconforming child*, Nueva York, Times Books.

Panksepp, J. (1996): "Sensory integration, rough-and-tumble play and ADHD", *Lost and Found: Perspectives on Brain, Emotions, and Culture, 2* (3), otoño, 1-3.

Parker, H. C. (1992): *The ADD hyperactivity handbook for schools*, Plantation, FL, Impact Publications.

Patterson, N. H. (1997): *Every body can learn: Engaging the bodily-kinesthetic intelligence in the everyday classroom*, Tucson, AZ, Zephyr Press.

Pelham, W. E.; Murphy, D. A.; Vannatta, K.; Milich, R.; Licht, B. G.; Gnagy, E. M.; Greenslade, K. E.; Greiner, A. R. y Vodde-Hamilton, M. (1992): "Methyllphenidate and attributions in boys with attention-deficit hyperactivity disorder", *Journal of Consulting and Clinical Psychology, 60* (2), 282-292.

Pennington, B. F.; Groisser, D. y Welsh, M. C. (1993): "Contrasting cognitive deficits in attention deficit hyperactivity disorder versus reading disability", *Developmental Psychology, 29* (3), 511-523.

Perry, B. D. y Pollard, R. (1998): "Homeostasis, stress, trauma, and adaptation: A neurodevelopmental view of childhood trauma", *Child & Adolescent Psychiatric Clinics of North America, 7* (1), 33-51.

Phelan, T. W. (1996): *1-2-3-magic,* Child Management.

Porino, B.; Rapoport, J. L.; Behar, D.; Sceery, W.; Ismond, D. R. y Bunney, W. E. Jr. (1983): "A naturalistic assessment of the motor activity of hyperactive boys", *Archives of General Psychiatry, 40,* 681-687.

Portner, J. (1993): "46 states mandate P.E., but only four found to require classes in all grades", *Education Week,* 3 de noviembre, p.10.

Powell, S. y Nelsen, B. (1997): "Effects of choosing academic assignments on a studen with attention deficit hyperactivity disorder", *Journal of Applied Behavior Analysis, 30* (1), 181-183.

Putnam, S. y Copans, S. A. (1998): "Exercise: An alternative approach to the treatment of AD/HD", *Reaching Today's Youth, 2,* invierno, 66-68.

Rapoport, J. (1995): "Q&A: An interview with Dr. Judith Rapoport, Chief of the Child Psychiatry Branch of the National Institute of Mental Health", *Attention!* Puede encontrarse en Internet: http://www.chadd.org/attention/rapoport.htm

Ratey, J. J. y Johnson, C. (1998): *Shadow syndromes: The mild forms of major mental disorders that sabotage us,* Nueva York, Bantam/Doubleday/Dell.

Reid, B. D. y McGuire, M. D. (1995): *Square pegs in round holes – these kids don't fit: High ability students with behavioral problems,* Storrs, National Research Center on the Gifted and Talented, University of Connecticut.

Reid, R. y Magg, J. W. (1994): "How many fidgets in a pretty much: A critique of behavior rating scales for identifying students with ADHD", *Journal of School Psychology, 32* (3), 339-354.

—— (1997): "Attention deficit hyperactivity disorder: Over here and over there", *Educational and Child Psychology, 14* (1), 10-20.

Reid, R.; Maag, J. W. y Vasa, S. F. (1993): "Attention deficit hyperactivity disorder as a disability category: A critique", *Exceptional Children, 60* (3): 198-214.

Resnick, R. J. y McEvoy, K. (comps.) (1994): "Attention deficit/hyperactivity disorder: Abstracts of the psychological and behavioral literature, 1971-1994", *Biographies in Psychology,* n° 14, Washington, DC, American Psychological Association.

Richter, N.C. (1984): "The efficacy of relaxation training with children", *Journal of Abnormal Child Psychology, 12* (2), 319-344.

Rief, S. F. (1993): *How to reach and teach ADD/ADHD children,* West Nyack, NY, The Center for Applied Research in Education. [Ed. cast.: *Cómo tratar y enseñar al niño con problemas de atención e hiperactividad,* Buenos Aires, Paidós, 1999.]

Robin, A. (1990): "Training families with ADHD adolescents", en R. Barkley (comp.), *Attention deficit hyperactivity disorder: A handbook for diagnosis and treatment* (pp. 413-457), Nueva York, Guilford Press.

Robinson, H. (1998): "Are we raising boys wrong?", *Ladies Home Journal*, noviembre, 96-100.

Rose, C. (1989): *Accelerative learning*, Nueva York, Dell.

Rose, F. (1987): "Pied piper of the computer", *The New York Times Magazine*, pp. 56-62, 8 de noviembre, 140-141.

Rosenthal, R. (1978): "Interpersonal expectancy effects: The first 345 studies", *The Behavioral and Brain Sciences, 3*, 377-415.

Rosenthal, R. y Jacobson, L. (1968): *Pygmalion in the classroom*, Nueva York, Holt, Rinehart & Winston.

Ross, D. y Ross, S. (1982): *Hyperactivity: Current issues, research, and theory*, Nueva York, Wiley.

Safer, D. J. y Krager, J. M. (1992): "Effect of a media blitz and a threatened lawsuit on stimulant treatment", *Journal of American Medical Association, 268* (8), 1004-1007.

Samples, B. (1976): *The metaphoric mind*, Reading, MA, Addison-Wesley.

Satir, V. (1983): *Conjoint family therapy* (3ª ed.), Palo Alto, CA, Science and Behavior Books.

Schneidler, T. D. (1973): *Application of psychosynthesis techniques to child psychotherapy*, trabajo presentado en el Congreso Internacional de Psicosíntesis, Val Morin, QC.

Schrag, P. y Divoky, D. (1975): *The myth of the hyperactive child: And other means of child control*, Nueva York, Pantheon.

Schuster, D. H. y Gritton, C. E. (1986): *Suggestive accelerative learning techniques*, Nueva York, Gordon & Breach.

Schwartz, J. (1992): *Another door to learning*, Nueva York, Crossroad.

Schwartz, J. M.; Stoeseel, P. W.; Baxter L. R.; Martin, K. M. y Phelps, M. E. (1996): "Systematic changes in cerebral glucose metabolic rate after successful behavior modification treatment of obsessive-compulsive disorder", *Archives of General Psychiatry, 53*, febrero, 109-113.

Scott, T. J. (1969): "The use of music to reduce hyperactivity in children", *American Journal of Orthopsychiatry, 40* (40), 677-680.

Scrip, L. (1990): *Transforming teaching through arts PROPEL portfolios: A case study of assessing individual student work in the high school ensemble*, Cambridge, MA, Harvard Project Zero.

Seefeldt, V. y Vogel, P. (1990): "What can we do about physical education?", *Principal, 70*, noviembre, 12-14.

Shaw, G. A. y Brown, G. (1991): "Laterality, implicit memory, and attention disorder", *Educational Studies, 17* (1), 23-25.

Sigmon, S. B. (1987): *Radical analysis of special education: Focus on historical development and learning disabilities*, Nueva York, Falmer Press.

Sleator, E. K. y Ullmann, R. L. (1981): "Can the physician diagnose hyperactivity in the office?", *Pediatrics, 67* (1), enero, 13-17.

Sleator, E. K.; Ullmann, R. K. y Neumann, A. (1982): "How do hyperactive children feel about taking stimulants and will they tell the doctor?", *Clinical Pediatrics, 21* (8), 474-479.

Smallwood, D. (1997): *Attention disorders in children: A compilation of resources for school psychologists*, Washington, DC, National Association of School Psychologists.

Smitheman-Brown, V. y Church, R. P. (1996): "Mandala drawing: Facilitating creative growth in children with ADD or ADHD", *Art Therapy, Journal of the American Art Therapy Asssociation, 13* (4), 252-260.

Spencer, T.; Biederman, J.; Wilens, T. y Guite, J. (1995): "ADHD and thyroid abnormalities: A research note", *Journal of Child Psychology & Psychiatry & Allied Disciplines, 36* (5), julio, 879-885.

Spolin, V. (1986): *Theater games for the classroom*, Evanston, IL, Northwestern University Press.

Squires, S. (1990): "Brain function yields physical clue that could help pinpoint hyperactivity", *The Washington Post*, 15 de noviembre, p. A08.

Steiner, R. (1974): *The kingdom of childhood*, Londres, Rudolf Steiner Press.

Stewart, M. (1993): *Yoga for children*, Nueva York, Fireside.

Still, G. W. (1902): "Some abnormal psychical conditions in children", *The Lancet, 4103*, 12 de abril, 1008-1012.

Sudderth, D. B. y Kandel, J. (1997): *Adult ADD: The complete handbook*, Rocklin, CA, Prima Publishing.

Sunshine, J. L.; Lewin, J. S.; Wu, D. H.; Miller, D. A.; Findlin, R. L.; Manos, M. J. y Schwartz, M. A. (1997): "Functional MR to localize sustained visual attention activation in patients with attention deficit hyperactivity disorder: A pilot study", *American Journal of Neuroradiology, 18*(4),633-637.

Sutherland, J. y Algozzine, B. (1979): "The learning disabled label as a biasing factor in the visual motor performance of normal children", *Journal of Learning Disabilities, 12*(1), 8-14.

Sutton-Smith, B. (1998): *The ambiguity of play*, Cambridge, MA, Harvard University Press.

Swanson, J. M.; McBurnett, K.; Wigal, T.; Pfiffner, L. J.; Lerner, M. A.; Williams, L.; Christian, D. L.; Tamm, L.; Willcutt, E.; Crowley, K.; Clevenger, W.; Khouzam, N.; Woo, C.; Crinell, F. M. y Fisher, T. D. (1993): "Effect of stimulant medication on children with attention deficit disorder: A review of reviews", *Exceptional Children, 60* (2), 154-162.

Sykes, D. H.; Douglas, V. I. y Morgenstern, G. (1973): "Sustained attention in hyperactive children", *Journal of Child Psychology & Psychiatry & Allied Disciplines, 14*, 213-220.

Sylwester, R. (1995): *A celebration of neurons*, Alexandria, VA, Association for Supervision and Curriculum Development.

Sylwester, R. y Cho, J. Y. (1992-1993): "What brain research says about paying attention", *Educational Leadership, 50,* diciembre de 1992-enero de 1993, 71-75.

Taylor, D. (1991): *Learning denied,* Portsmouth, NH, Heinemann.

Taylor, E. y Sandberg, S. (1984): "Hyperactive behavior in English schoolchildren: A questionnaire survey", *Journal of Abnormal Child Psychology, 12* (1), 143-155.

Thomas, A.; Chess, S.; Sillen, J. y Menzez, O. (1974): "Cross-cultural study of behavior in children with special vulnerabilities to stress", en D. Ricks, A. Thomas y M. Roff (comps.), *Life history research in psychopoathology,* vol. 3, Minneapolis, University of Minnesota Press.

Turecki, S. (1989): *The difficult child,* Nueva York, Bantam.

— (1995): *Normal children have problems, too: How parents can understand and help,* Nueva York, Bantam/Doubleday/Dell.

Tyson, K. (1991): "The understanding and treatment of childhood hyperactivity: Old problems and new approaches", *Smith College Studies in Social Work, 61* (1), 133-166.

Vaidya, C. J.; Austin, G.; Kirkorian, G.; Ridlehuber, H. W.; Desmond, J. E.; Glover, G. H. y Gabrieli, J. D. E. (1998): "Selective effects of methylphenidate in attention deficit hyperactivity disorder: A functional magnetic resonance study", *Proceedings of the National Academy of Science, 95* (24), 14494-14499.

Viadero, D. (1991): "E.D. clarifies policy on attention-deficit disorder", *Education Week,* 2 de octubre, p. 29.

Virgilio, S. J. y Berenson, G. S. (1988): "Super kids-superfit: A comprehensive fitness intervention model for elementary schools", *Journal of Physical Education, Recreation, and Dance, 59* (8), 19-25.

Volkow, N. D.; Ding, Y. S.; Fowler, J. S.; Wang, G. J.; Logan, J.; Gatley, J. S.; Dewey, S.; Ashby, C.; Liebermann, J.; Hitzemann, R. y Wolf, A. P. (1995): "Is methylphenidate like cocaine?", *Archives of General Psychiatry, 52,* 456-463.

Vygotsky, L. S. (1986): *Thought and language,* Cambridge, MA, MIT Press. [Ed. cast.: *Pensamiento y lenguaje,* Barcelona, Paidós, 2000.]

Wallace, R. (1992): *Rappin' and rhyming: Raps, songs, cheers, and smartrope jingles for active learning,* Tucson, AZ, Zephyr.

Wallis, C. (1994: "Life in overdrive", *Time, 144* (3), 18 de julio, pp. 43-50.

Walther, M. y Beare, P. (1991): "The effect of videotape feedback on the on-task behavior of a student with emotional/behavioral disorders", *Education and Treatment of Children, 14* (1), 53-60.

Weinstein, C. S. (1979): "The physical environment of the school: A review of the research", *Review of Educational Research, 49* (4), 585.

Weiss, L. (1997): *ADD and creativity*, Dallas, TX, Taylor Publishing.

Whalen, C. K. y Henker, B. (comps.) (1980): *Hyperactive children: The social ecology of identification and treatment*, Nueva York, Academic Press.

Whalen, C. K. y Henker, B. (1991): "Therapies for hyperactive children: Comparisons, combinations, and compromises", *Journal of Consulting and Clinical Psychology, 59* (1), 126-137.

Whalen, C. K.; Henker, B.; Hinshaw, S. P.; Heller, T. y Huber-Dressler, A. (1991): "Messages of medication: Effects of actual versus informed medication status on hyperactive boys' expectancies and self-evaluations", *Journal of Consulting and Clinical Psychology, 59* (4), 602-606.

Williams, M. (1996): *Cool cats, calm kids: Relaxation and stress management for young peole*, San Luis Obispo, CA, Impact.

Woltersdorf, M. A. (1992): "Videotape self-modeling in the treatment of attention-deficit hyperactivity disorder", *Child and Family Behavior Therapy, 14* (2), 53-73.

Yelich, G. y Salamone, F. J. (1994): "Constructivist interpretation of attention-deficit hyperactivity disorder", *Journal of Constructivist Psychology, 7* (3), 191-212.

Zagar, R. y Bowers, N. D. (1983): "The effect of time of day on problem solving and class behavior", *Psychology in the Schools, 20*, julio, 337-345.

Zametkin, A. J.; Nordahl, T. E.; Gross, M.; King, A. C.; Semple, W. E.; Rumsey, J.; Hamburger, S. y Cohen, R. M. (1990): "Cerebral glucose metabolism in adults with hyperactivity of childhood onset", *New England Journal of Medicine, 323* (20), 1413-1416.

Zametkin, A. J.; Liebenauer, L. L.; Fitzgerald, G. A.; King, A. C.; Minkunas, D. V.; Herscovitch, P.; Yamada, E. M. y Cohen, R. M. (1993): "Brain metabolism in teenagers with attention-deficit hyperactivity disorder", *Archives of General Psychiatry, 50*, mayo, 333-340.

Zentall, S. (1975): "Optimal stimulation as a theoretical basis of hyperactivity", *American Journal of Orthopsychiatry, 45* (4), 549-563.

— (1980): "Behavioral comparisons of hyperactive and normally active children in natural settings", *Journal of Abnormal Child Psychology, 8* (1), 93-109.

— (1988): "Production deficiencies in elicited language but not in the spontaneous verbalizations of hyperactive children", *Journal of Abnormal Child Psychology, 16* (6), 657-673.

— (1993a): "Research on the educational implications of attention deficit hyperactivity disorder", *Exceptional Children, 60* (2), 143-153.

— (1993b): "Outcomes of ADD: Academic and social performance and their related school and home tretments", *CHADD Fourth Annual Conference, Chicago, October 15-17, 1992* (transcripciones de presentaciones), Plantation, FL, CHADD.

Zentall, S. y Kruczek, T. (1988): "The attraction of color for active attention-problem children", *Exceptional Children, 54* (4), 357-362.

Zentall, S. y Zentall, T. R. (1976): "Activity and task performance of hyperactive children as a function of environmental stimulation", *Journal of Consulting and Clinical Psychology, 44* (5), 693-697.

— (1983): "Optimal stimulation: A model of disordered activity and performance in normal and deviant children", *Psychological Bulletin, 94* (3), 446-471.

Zoldan, D. (1997): "Ritalin teens can forget about the military", *Scripps Howard News Service,* 23 de julio.

Índice analítico